Marie Sloup · Atem der Seele



buch & media

*Atem der Seele* – diese vielleicht befremdliche Zeile des Titels bezieht sich auf ein Wort Goethes, nach dem der Dialekt »das Element« sei, »in welchem die Seele ihren Atem schöpft«. Dieses Buch soll nicht nur gesammelte Mundartbeispiele präsentieren, sondern die Bedeutung des Dialekts reflektieren und Schönheit, Witz und Reichtum des Dialekts bewusst machen. Die Beispiele stammen aus Bürgstein in Nordböhmen.

Marie Sloup ist das Pseudonym einer aus Böhmen stammenden Autorin, die in Bürgstein geboren wurde, dem heutigen Sloup v Čechách. Wegen der Vertreibung der Deutschen kam sie als Kind nach Bayern, wo sie später Germanistik und Anglistik studierte. Sie lehrte dann an höheren Schulen in Deutschland, Schottland und Ecuador. Obwohl sie nun mehrere Heimaten und mehrere Sprachen erworben hat, gilt ihre besondere Zuneigung dem Dialekt der ersten Heimat, den sie durch ihre Mutter kennt und dem dieser Nachruf gewidmet ist.
Bei Buch&media erschien von ihr ein Jahr zuvor die Dokumentation *Nach der Flucht – Chronik einer drohenden Abschiebung* über eine dramatische Zeit im Leben eines jungen Afghanen.

Marie Sloup

# *Atem der Seele*

## Nachruf auf einen Dialekt

buch & media

Originalausgabe
November 2021

Layout, Satz und Umschlaggestaltung: Franziska Gumpp
Umschlagvorderseite: Ansicht von Bürgstein nach einem Stich aus dem 19. Jahrhundert
Gesetzt aus der Minion Pro und Roboto
Printed in Germany
ISBN print 978-3-95780-252-1
ISBN epub 978-3-95780-253-8
ISBN PDF 978-3-95780-254-5

Buch&media GmbH
Merianstraße 24 · 80637 München
Fon 089 13929046 · Fax 089 13929065

Weitere Publikationen aus unserem Programm finden Sie auf
www.buchmedia-publishing.de
Kontakt und Bestellungen unter info@buchmedia.de

# Inhalt

# Vorwort

»Kennen Sie Bürgstein?«, fragte ich im Urwald Ecuadors, am Ufer eines der Quellflüsse des Amazonas, des Río Napo, einen älteren Herrn, der mir als Graf Preysing vorgestellt wurde und der auch in einem der Pfahlbauten hinter uns übernachten wollte. »Ja, natürlich«, antwortete der Graf, der in Quito ansässig war. »Dort lebten meine Cousins. Ich habe sie oft besucht.«

Ich wusste, dass der Name Preysing mit Bürgstein verbunden war. In diesem Ort stand ein Schloss, in dem etwa zwei Jahrhunderte lang Adlige der Familie Kinsky lebten, bis Marie aus diesem Geschlecht einen Grafen Preysing heiratete.

Bürgstein ist ein Dorf in Nordböhmen, das heute Sloup heißt und in dem heute Tschechisch gesprochen wird. Es ist mein Geburtsort. Der Dialekt, der vor der Vertreibung der Deutschen dort gesprochen wurde, kann heute als ausgestorben gelten, wenn auch ältere Menschen ihn gelegentlich verwenden mögen. Dieser Dialekt, der mir von meiner Mutter her vertraut ist, war begrenzt auf den familiären Bereich und auch dort nur auf bestimmte Situationen. In der Schule, in der Kirche, beim Arzt und natürlich im Schloss des Grafen Preysing wurde nur Hochdeutsch gesprochen. Ich halte den Dialekt Bürgsteins für so bemerkenswert, dass ich ihm diesen Nachruf widme.

Respekt vor dem Dialekt ist nicht selbstverständlich. Deshalb will ich mich auf Goethe berufen, der sich in Leipzig wegen seiner vom hessischen Dialekt gefärbten Redeweise Tadel zuzog. Er verteidigte den Dialekt, auch wenn er öfters derb sei und manchmal etwas unterlaufen könne, »was gegen ein zarteres Ohr sich anstößig erweist«. Das schrieb er in *Dichtung und Wahrheit*, und weiter: »Jede Provinz liebt ihren Dialekt: denn er ist doch eigentlich das Element, in welchem die Seele ihren Atem schöpft.«[1] Darauf bezieht sich der Titel dieser Publikation.

Nach dem Zweiten Weltkrieg lebte meine Familie, wie viele andere Vertriebene, in Bayern. Fast die gesamte Habe blieb in der alten Heimat, aber der Sprachschatz konnte komplett mitgenommen werden. Der aus Böhmen stammende Dialekt, dem ich früher keine Aufmerksamkeit schenkte, ist eine Sprache, die ich noch im Ohr habe, aber nicht spreche – außer in Selbstgesprächen. In kritischen Situationen können fast vergessene Wörter aktiviert werden, legen sich mir unversehens auf die Zunge und erlauben mir eine entspannte Reaktion. Die Fragmente aus den Aussprüchen meiner Mutter helfen mir, Gelassenheit zu wahren, stärken die Resilienz. Der Dialekt dient, wie Goethe sagt, dem Atemschöpfen. Die Sprache meiner Mutter begegnet der Welt mit Gleichmut, Humor und wenn nötig mit Respektlosigkeit.

Das Dilemma beim Verfassen dieser Sammlung ist, dass der Dialekt prinzipiell eine gesprochene Sprache ist, die nur schwer verschriftlicht werden kann. Den Tonfall, der entscheidend ist für den Reiz der Sprache, kann man leider hier nicht wiedergeben. Eine Ahnung vom Klang dieser Sprache sollte sich aber bei der Lektü-

---

[1] Johann Wolfgang von Goethe, *Werke, Hamburger Ausgabe in 14 Bänden*, München 1998, Band 9, S. 251.

re der folgenden Sammlung einstellen. Die Ausführungen sind in Kapitel eingeteilt, deren Überschriften nicht hochdeutsch und abstrakt formuliert sind, sondern dem Dialektwortschatz entnommen wurden – Ausdrücke, wie sie aus dem Mund meiner Mutter kamen.

Dies ist kein wissenschaftliches Werk. Die Sprache, die hier dokumentiert wird, ist kein reiner, klar begrenzter Dialekt, sondern einer, in den sich Wörter, Wendungen und Redensarten von anderen Regionen eingeschmuggelt haben. Auch Hochdeutsches konnte integriert und in einem Atemzug mit Dialektausdrücken verwendet werden, wenn es der Einstellung und dem Stil der Dialektsprecher entsprach. »Nobel muss die Welt zugrunde gehn«, ein gern gebrauchter Satz meiner Mutter, wurde sogar einem Schriftsteller entwendet. Bei Nicolai Gogol hieß es: »Nobel geht die Welt zugrunde«, was meine Mutter allerdings nicht wusste. Das Kriterium für die Aufnahme in diese Sammlung ist nicht die Bestimmung als Dialekt im engeren Sinne, sondern die Zugehörigkeit zu einer Sprachwelt, die Einfachheit mit Ironie, Güte mit Witz verbindet, typisch ist für eine Region und das Sprachmaterial in einem familiären Umfeld weitergibt. Da bekanntlich Dialekte für Fremde aus dem eigenen Land nicht unmittelbar und klar verständlich sind, wurde den aufgelisteten Wörtern und Wendungen teilweise eine hochdeutsche »Übersetzung«, Umschreibung oder ein Kommentar angefügt.

## *Ormitschkln*

Zu den Ärmsten gehörten meine Eltern gerade nicht, und andere Sprecher des Bürgsteiner Dialekts hätten sich genauso wenig zu den Armen gerechnet. Und doch kann diese Mundart ihre Herkunft aus dem Arme-Leute-Milieu nicht verleugnen. Über die Reichen redet man dort mit Distanz, ohne Neid, aber respektlos. »Nobel muss die Welt zugrunde gehn«, reibt man ihnen dann hin. Auch ein nicht so Begüterter, der sich eine teure Sache geleistet hat, kann diesen Kommentar hören. Und wenn man seine Misere mit dem Leben der Reichen vergleicht, kann man ironisch feststellen: »So gieht's uns Armen. Wie mag's erst den Reichen gehn?«

Ormitschkln sind arme Leute, und das bezieht sich nicht nur auf Besitz. »Bist halt e Ormitschkl!« drückt Empathie aus und kann ein Kind trösten, das jammert und sich unglücklich fühlt. Ist der Fall aber nach Ansicht des Gesprächspartners gar nicht so schlimm, dann genügt eine hochdeutsche Erklärung: »Wenn ich Zeit hätte, würde ich dich bedauern.«

Ormitschkln sind einerseits Angehörige der Unterschicht, andererseits alle Notleidenden, Unglücklichen, Zu-kurz-Gekommenen. Die sprachliche Sensibilität, die sich auch im Dialekt ausdrückt, verbietet übertriebenes Jammern und Schuldzuweisungen. Wenigstens sprachlich wird das Elend besiegt durch Späße, Aufmunterung, Necken und Verstecken und durch eine Geste, die Leichtigkeit im Umgang mit Widrigkeiten zumindest vortäuscht. Schon der Klang des Wortes »Ormitschkl« mindert den Ernst der Sache. Hier sind einige Zitate, die den Hintergrund einer armen ländlichen Umwelt erkennen lassen und oft auch die humorvolle Art, darauf zu blicken.

Wie geht's der denne? – Wenn's besser ging, wär's nee auszuhalten.

*Man vermeidet zu sagen, dass es einem schlecht geht.*

Bei uns is ja nee wie bei orm' Leitn!

*Das habt ihr wohl bei uns nicht erwartet?*

Hebs ock uff! 's frisst ja ke Brot.

*Rat, etwas nicht wegzuwerfen*

Heert mer uff mit Kuchn ei der Woche – wenn mer am Suntsch nischt zu fressen hon!

*Kuchen, auch eine einfache Buchte, hat man nur sonntags – am »Suntsch« – gegessen.*
*Meist gebraucht man eines vulgären Wortes wegen nur den ersten Teil des Satzes im Sinne von »Das brauchen wir nicht«.*

Sei ock nee su bettelhaftsch!

*Es kann bedeuten: Iss nicht so viel! Die Leute meinen doch, du kriegst zu Hause nischt.*
*Benimm dich nicht wie ein Bettler!*

Hätt' mer's nee, dann tät' mer's nee!

*Die müssen ja Geld haben!*

Nobel muss die Welt zugrunde gehn.

Dos muss ja alle Stickln spielen!

*Bewunderung für etwas Teures; mit »Stickln« sind wohl Musikstücke gemeint.*

Damit kannste kenne großen Springe machen!

*Mit dem Geld oder dieser Sache kommst du nicht weit.*

Bist dir wohl selber nee gutt?

*Du bist nicht gut drauf.*

Mer hot's nee leicht – aber leicht hot's en'n.

*Der zweite Teil der Aussage nimmt den Ernst zurück.*

***Sitzt ja da wie e Häufl Elend!***

*Man sieht ja, dass es dir schlecht geht.*

Ich bi doch ke Ormitschkl!

*Das sagt man entrüstet, wenn man die Armut nicht zugeben will und nicht bedauert werden will.*

Ich bi halt e Ormitschkl!

*In einer trübsinnigen Phase ist dieser Satz mit seinen vertrauten, lindernden Worten nicht nur Diagnose, sondern zugleich ein bisschen Heilung.*

## Tschoperlen

Tschoperlen, Menschen, die sich durch ihre Ungeschicklichkeit in eine missliche Lage gebracht haben, werden in den hier gesammelten Sprüchen weder lächerlich noch bloß bedauernswert dargestellt. Es gibt eine gewisse Leichtigkeit im Umgang mit ihnen. Witzige und ironische Sprache sollen sie nicht abwerten, sondern zu Gleichmut verhelfen oder sogar aufmuntern. Wenn man sich geschnitten hat und dann der Kommentar fällt: »Das ungeschickte Fleisch muss weg!«, so ist es nicht herzlos, sondern eine Aufforderung, die Situation nicht zu tragisch zu nehmen. Wenn ein Kind lange klagt, dass der Finger so weh tue, kann man mit den Worten »Der wird wohl abfallen!« das Gespräch ins Komische lenken und an schlimmere Notfälle erinnern. Wehleidigkeit hat keinen Platz in dieser Sprache. Man muss aber zugeben, dass schon das Wort »Tschoperle« durchaus liebevoll klingt.

Bringst's wohl nee? Bist halt e Tschoperle!
*Schaffst du es nicht? Du bist ein Tollpatsch.*

***Bist e Plompatsch!***
*Das war aber ungeschickt!*

Mach ock nee so en Murks!
*Das ist gepfuscht.*

Das haste wieder vermurkst!
*Du hast es verpatzt.*

Wenn ock die nee so murksen täte!

*Sie braucht lang und bringt nichts Ordentliches zuwege.*

So e alder Murkssack! So ene Murkstasche!

*Die murksen halt immer!*

Haste ausgemurkst?

*Bist du endlich fertig?*

Wo haste ’s denn hinkalfaktert?

*Wo hast du es hingesteckt?*

Dos haste versiebt.

*Es ist verloren gegangen.*

Hast es wieder vermasselt!

*Du hast es verschlampt.*

Dos is verwurschtelt.

*durcheinandergebracht*

Dos haste verwirgelt / verquirgelt.

*verfitzt, durcheinandergebracht*

So e Gewirgel!

Bist ene Muzltasche. So e Gemuzl!

*Trödeln*

Tuk nee so rumtunken / rummuzeln / rimtolkern!

*Trödle nicht so!*

Hast so lange rumgetakelt.
*Du hast so lang gebraucht dazu.*

Tuk nee so rumtentern!
*Beeil dich!*

Bist ene Kleckertasche!
*Du verkleckerst so viel!*

Bringst's wohl nee?
*Schaffst du es nicht?*

Das ungeschickte Fleisch muss weg!
*Warum hast du dich in den Finger geschnitten?*

Leute brauchn mer, kenne Freschln!
*Du hast keine Kraft, bist wie ein Fröschchen. Dich können wir nicht brauchen.*

## *Morne frieh is die Nacht weg*

Unter dieser Überschrift geht es um Sätze, die in meiner Jugend das Zubettgehen und das morgendliche Aufstehen begleiteten. Der Satz »Morne frieh is die Nacht weg« fiel oft am Abend und sollte einen daran erinnern, dass es sinnvoll ist, das Schlafengehen nicht zu lange hinauszuzögern. Was abendliche Gespräche zu meiner Jugendzeit betrifft, so habe ich ganz unterschiedliche Sätze im Ohr. Ich erinnere mich an den abendlichen Abschiedsgruß meines Großvaters, der Lehrer war und Worte wählte, die einer gehobenen Sprachebene angehörten, was heute im familiären Bereich unüblich ist. Er sagte: »Schlaf wohl!«, und das gewöhnliche »Schlaf gut« kann ich mir aus seinem Mund nicht vorstellen. Ich liebe solche gewählten Ausdrücke und erinnere mich gerne an den Gruß an die Zuschauer, mit denen sich ein Moderator der Tagesthemen regelmäßig verabschiedete: »Ich wünsche Ihnen eine geruhsame Nacht.« Von ganz anderer Art sind die Ausdrücke meiner Mutter, die ich hier festhalten möchte und die ich ebenfalls beachtenswert finde. Ich schätze ihren Witz und ihre Bildhaftigkeit, wenn ich auch einige Sätze bis heute nicht verstehe. Im ersten hier aufgeführten Satz weiß ich bis heute nicht, weshalb Marokko hier eine Rolle spielt, aber ich wusste immer schon, dass damit das Schlafengehen gemeint war. Jetzt vermute ich, dass sich die seltsame Frage auf die österreichische Expedition gegen Marokko im Jahre 1829 bezieht, nachdem ein österreichisches Handelsschiff durch Marokkaner gekapert worden war.

Auch beim Wecken am Morgen verstand ich nicht alles. Wenn meine Mutter sagte: »Auf, spricht der Fuchs zum Hasen!«, dann interessierten mich weder Fuchs noch Hase, denn es handelte sich um einen Appell, aufzustehen. Auch der dazugehörige zweite Satz: »Hörst du nicht den Jäger blasen?«, der oft weggelassen wurde, hat mich nicht weiter beschäftigt. Den Witz bemerkte ich nicht, wohl aber die Botschaft: Aufstehen! Erst jetzt, mit Abstand, kann ich alle diese Aussprüche genießen, die in unangenehmen Situationen zur Aufmunterung dienen sollten.

Wie denkste denn ieber Marokko?
*Willst du nicht schlafen gehen?*

Biste bettreif?
*Willst du schlafen gehen?*

Haste schon die nötige Bettschwere?
*Wirst du jetzt schlafen können?*

Die is noch ganz gemecke.
*gar nicht müde*

Etze mechtste halt schlafen giehn.
*Du solltest jetzt schlafen gehen.*

Gehen mer halt langsam schlafen.
*Es wird allmählich Zeit.*

Da is dein Nachtgewandl.
*Nachthemd, Schlafanzug*

Heut schlefste ungewiegt.
*Du wirst garantiert schlafen können.*

Marsch ins Bett!
*Schnell ins Bett!*

Schlof ock du!
*Schlaf nur!*

Findst wohl nee nei ei's Bette?
*Du findest wohl nicht hinein?*

Was geisterste denn herum?
*Warum bist du aufgestanden?*

Findst wohl 's Nestei nee?
*Du suchst wohl noch die richtige Lage?*

Im Bette is noch kee Mensch erfroren.
*Antwort auf Klagen, dass es zu kalt ist im Bett*

Hast schon geschnarchelt.
*Du hast sanft geschnarcht, gleichmäßig geatmet*

Bist e Nachtolp.
*Was stehst du in der Nacht auf?*

Ich ho die Schlofkrankt.
*Ich könnte immerzu schlafen.*

Ich bin munter wie e Fischl.
*Ich bin schon ausgeschlafen.*

***Mich leid's nee ei'm Bette.***

*Ich halt es nicht mehr aus im Bett.*

Jaromir, erhebe dir!

*Steh schon auf!*

Nanu, 's wird wohl nee Tag?

*Willst du nicht aufstehen?*

Auf, spricht der Fuchs zum Hasen,
hörst du nicht den Jäger blasen?

Ock noch e bissl mummeln!

*behaglich ruhen*

Solln mer'n Hebebaum holen?

*Müssen wir dich herausheben?*

Das Bette is ja zerritten.

*Es ist zerwühlt, durcheinandergebracht*

Sieh ock, wie zerrammelt das is.

*zerwühlt*

's Vogerle is ausgeflogen.

*Das Bett ist schon leer.*

## *Spaß muss sein bei der Leich*

Graf Preysing hatte einem »Ormitschkl«, einem Mann, der immer in verschlissener Kleidung durchs Dorf lief, ein schönes neues Hemd geschenkt. Das trug der Mann nie, erzählte meine Mutter, und schließlich fragte ihn der Graf, warum er das neue Hemd nicht anziehe. Das sei ihm zu schade, sagte der Arme, er wolle es aufheben, damit man ihn mit einem guten Hemd in den Sarg legen könne. Mich hat diese Geschichte sehr berührt, die zugleich die Bescheidenheit des Mannes zeigt und den Wunsch, seine Würde im für ihn wichtigsten Augenblick, im Tod, zu behaupten. Sein Verhalten kann heutigen Menschen absurd erscheinen. Aber der Mann ist geprägt von einer christlichen Tradition, für die Andreas Gryphius steht, der klagt: »Noch will, was ewig ist, kein einig Mensch betrachten.«[2] Über diesen armen Mann aus Bürgstein hätte Gryphius nicht klagen können.

In vergangenen Zeiten spielte der Tod eine größere Rolle im Leben der Menschen als heute. Er wurde nicht verdrängt, aber vermutlich auch nicht besonders reflektiert. In dem Spruch meiner Mutter »Spaß muss sein bei der Leich, sonst geht keener mit« wird vielleicht auf den fröhlichen Leichenschmaus angespielt, auf die Begleiterscheinungen einer Beerdigung, die von ernsteren Gedanken ablenken. Aber mir bedeutet dieser Satz noch mehr: Durch ihn wird der banale, spießige Ausdruck »Spaß muss sein« in Frage gestellt; der respektlose Zu-

---

2 Andreas Gryphius, Es ist alles eitel, zitiert nach: *Gedichte fürs Gedächtnis*, Hg. Ulla Hahn, S. 146.

satz setzt gedankenlosen Frohsinn der Lächerlichkeit aus. Wenn man auf die Behauptung »Spaß muss sein« mit dem genannten Spruch antwortet, kann man die Kritik in Komik verpacken.

Die scheinbare Widersinnigkeit des Satzes, der hier als Kapitelüberschrift dient, könnte an Karl Valentin erinnern. Valentin war ein Volkssänger, und ich meine, dass das Volk schon immer absurde Aussagen aufspürte und weitergab. Im Dialekt und in der Redeweise einfacher Leute stößt man immer wieder auf Belege für diesen Hang zum Absurden. Natürlich finden sie sich auch unter den von mir aufgezeichneten Redewendungen. Beispiele dafür bringt dieses Kapitel.

Was suchste denne? Den gestrigen Tag?

Wenn ock oll's weg wär!

*Aus Ärger, weil man etwas nicht findet, wünscht man gleich alles weg.*

Da könnt doch die Katz a Viech werden!

*Ausdruck von Ärger; Viech bedeutet Tier*

Vom kalten Kaffeerauche wird mer scheen.

*Kalten Kaffeerauch gibt es nicht!*

Alle Lügen sein nee wohr.

*Betonung von »alle«: Nicht alle Lügen sind wahr.*

Wenn ihn der Herrgott nee besser kennt, is er verloren.

*Ich kenne ihn nicht; vielleicht kennt ihn nicht einmal Gott.*

So gieht's uns Armen. Wie mag's erst den Reichen giehn?

Mir streiten uns nee, mir haun uns im Guten eene runter.

Geschmack und Ohrfeigen sein verschieden.

Hast dich wohl gewaschen bis am Dreck?
*Alles hast du gewaschen, nur nicht den Dreck.*

***Hörst wohl nee gutt uffs linke Bein?***
*Tadel, wenn jemand nicht hört*

Keene Angst, wird schon schiefgehn!
*Das ist eine Ermunterung.*

Erscht soot se gor nischt, dann wor se ganz stille.
*Man wartet auf eine Antwort.*

## *Mir zwee und iech*

Der Ausspruch, der hier als Überschrift gewählt wurde, hätte auch gut in das vorangegangene Kapitel gepasst. »Mir zwee und iech« aus dem Sprachschatz meiner Mutter könnte man valentinesk nennen. Im Folgenden geht es aber nicht nur um Aussprüche, die ans Absurde grenzen, sondern ganz allgemein um Wendungen bei Zwiegesprächen. Dabei spielen natürlich auch Meinungsverschiedenheiten, Kritik und Auseinandersetzungen eine Rolle. Das Besondere an den hier aufgeführten Beispielen ist, dass sie nie verletzend oder aggressiv wirken. Die harte Aussage wird abgemildert durch scherzhafte Formulierungen. Statt »Ich werd dir gleich eine knallen!« sagt man: »Kriegst glei e Koppstickl!«, was nicht gerade bedrohlich klingt. Ähnliches gilt für die Warnung, nicht zu lügen, wenn statt des unnachsichtigen »Lüg mich ja nicht an!« gesagt wird: »Tuk nee flunkern!« Will man das Vortäuschen von Müdigkeit als Ausrede eines anderen entlarven, so kann man dies mit Hilfe eines Reims indirekt und scherzend ausdrücken: »Miede, matt, marode, / faul und au kommode.« Und wenn ein Kind, das nicht gehorcht, »unortsch«, »garschtig« oder »Bosemuckl« genannt wird, liegt sogar eine gewisse Wärme darin. Manchmal allerdings muss der Sprechende einen Irrtum eingestehen oder ist widerwillig zum Nachgeben gezwungen. Auch das kann man lustig formulieren: »Hast Recht – aber sagen sollst's nee!« Der belehrende Ton von »Der Klügere gibt nach« wird im Dialekt vermieden; wenn man nachgegeben hat und sich dazu gezwungen sah, kann man auch den Seufzer nachschicken »Dass die arme Seele Ruhe hat!« Man ist vorläufig damit zufrieden, dass der Andere Ruhe gibt. Es finden sich also Anzeichen dafür, dass dieser Dialekt eine friedliebende Sprache ist.

Ich find meine Brille nee. – No nimm halt emol die.
*statt: Da ist sie ja.*

Kommst ja wie gerufen!

Machst ja e Gesichte!
*Was ist dir denn passiert?*

Nu flenn ock e bissl!
*Trost, wenn jemand weint!*

’s is nee su ängstlich. –
*Es ist nicht so schlimm.*

Mach ock, wie de denkst!
*Entscheide, wie du willst!*

Was studierste denne? –
*Worüber denkst du nach?*

Was simulierste denn?
*Was überlegst du?*

Denkste nee?
*Meinst du nicht auch?*

’s is der wohl nee recht?
*Du bist wohl dagegen?*

Luise, du bist blaas!
*abgewandelt aus Kabale und Liebe: »Du bist blass, Luise?«*

Miede? – Ach woher denn!
*Müde? – Aber nein!*

Drah di um, mein Schatz!

Helf der Gott zu e’m jung’ Sohne!
*statt »Helf Gott« nach dem Niesen*

Es grimmt. – Weil de egol drinne rumreibst.
*Es juckt. – Du darst nicht immer reiben.*

Medl, du hast doch kee bissl Blutt!
*Du frierst immer so leicht.*

No Moidl, wie gieht’s der denne?

Die hat dich wohl ei’s Herze geschlossen?

Auf die lässt de wohl nischt kommen?

Von der kenntste dir e Stickl abschneiden!
*Die könntest du dir zum Vorbild nehmen.*

Bist e gutts Matschkl!
*ein gutes Mädchen*

Bist e Mordsmedl!
*großes Lob*

Dass ock nischt drieberkommt!
*Antwort auf Lob*

Bist e Engel – mit 'm B vorne dran!

Hast recht – aber sagen sollst's nee!

Das kann ich ihr nee verdenken.
*Das kann ich ihr nicht übel nehmen.*

Sei mer ocke nee biese.
*Nimm es mir nicht übel.*

Das lass ich mir eingehn.
*Damit bin ich einverstanden.*

Dass die arme Seele Ruhe hat!
*Ausruf, wenn man widerwillig nachgibt*

Sei ock nee so gorschtig.
*Ich werde von dir schlecht behandelt.*

Sei ock nee su gnatschig!
*schlecht gelaunt, mürrisch*

Tuk nee so rumreiten / rumrackern!
*Bleib sitzen / stehen / liegen!*

Tuk nee so rimrommeln!
*Gib doch mehr Acht!*

Tuk nee so rimquirgeln / rumwirgeln
*Du benimmst dich zu wild.*

Tuk mich nee su piesacken!
*Du bist ein Plagegeist.*

Tuk mich nee su sekkieren!
*belästigen, plagen*

Tuk mich nee su anraunzen!
*anfahren, grob behandeln*

Dos is unortsch.
*unartig, ungezogen*

Bist e unruhiger Zippl.

Bist ene Zeterliese.
*Beruhige dich nur!*

Bist e fauler Strick!

Das machste jetz ohne zu mucken!
*Keine Widerrede!*

Willst mich wohl veräppeln?
*zum Narren halten*

Miede, matt, marode, / faul und au kommode!

*Das ist eine Ausrede!*

Tuk nee flunkern!

*lügen, schwindeln*

Ich bitt'sch gor schiene!

*Ich bitte dich! (auch als Vorwurf)*

Kauf der ock für zwee Kreuzer Geduld!

*Sei doch nicht so ungeduldig!*

Schreib ock nee so elend!

*Du hast geschmiert.*

Tuk nee fischpern / fischpln!

*wispern, flüstern*

***Bist e Bosemuckl.***

*Sei nicht so böse!*

Bist e bieser Kriems.

*dasselbe wie Bosemuckl*

Kriegst glei e Koppstickl!

*eine Ohrfeige*

Wirst glei ene fangen!

Schon num um die Ecke, hatte Holzlatschen an.

*Man will etwas nicht wiederholen.*

Erstick ock nee – erwürgen kannste!
*Jemand hat sich verschluckt.*

## *Jeder Mensch is andersch dumm*

Jeder Mensch ist anders. Wir haben gelernt, die Diversität zu schätzen und das Andere als Bereicherung anzusehen. Wenn man aber dem Satz »Jeder Mensch ist anders« nur ein Wort hinzufügt, kann der Satz ins Negative kippen. Die Vielfalt der Menschen, die uns eigentlich Bewunderung abverlangt, wird wertlos, wenn sie sich nur auf negative Eigenschaften bezieht. Der Satz »Jeder Mensch ist anders dumm« besagt zunächst, dass alle Menschen dumm sind – eine pessimistische, aber wahrscheinlich auch realistische Aussage. Die Desillusion, die mit dem letzten Wort eintritt, ist vielleicht typisch für eine im Dialekt vorherrschende Haltung: die Freude am Ankratzen von Idealvorstellungen und am Einreißen des Etablierten. Das Anarchische des Dialekts ist aber nicht menschenfeindlich. Die Tatsache, dass kein Mensch sich außerhalb der Kritik fühlen kann, macht bescheiden und führt schließlich zu Milde im Verhältnis zur Umwelt. Humanität gibt es nicht ohne Nachsicht. Im Dialekt kann die Feststellung der Dummheit ohne strengen, vorwurfsvollen Ton auskommen, und die beobachteten Schwächen werden, ohne Überlegenheit zu zeigen, eher belustigt zur Kenntnis genommen. Auf lässige Weise wird zu Toleranz aufgefordert.

***Der is nee ganz dumm.***

Bist wohl meschugge?

*Bei dir stimmt's wohl nicht?*

Hast ja en Fimmel!
*einen Spleen*

Hast halt kenn Merks!
*Du merkst dir halt nichts.*

Der sieht 'n Busch vor lauter Bäumen nee.

Die hot große Risse ei'm Koppe.
*Sie überschätzt sich.*

Die hat so ihre Mucken.
*Macken, Launen*

Der hat ene fixe Idee.
*Das ist ihm nicht auszureden.*

Tuk dir nee siche Schwachheiten einbilden!
*Solche Dummheiten!*

Dos hat se sich ei'n Kopp gesetzt.

Bist e Dummerle / e Dummian.

Dos is e Bleedrich.

Bist ja dreimal dumm!

Da is ja moiches falsch!
*Da ist allerhand falsch.*

Da hot's mer wos vieregemacht.
*Da habe ich mich getäuscht.*

Tuk nee su rumnärrschen!
*Sei nicht so hektisch!*

Jetz wird se glei fuchsteufelswild.
*Sie wird gleich wütend.*

So ene Saumode!
*eine schlechte Angewohnheit*

Zieh dich ock an deiner eignen Nase!
*Du hast auch Fehler gemacht.*

Verrückt und närrsch is eens!
*Du bist verrückt.*

Hitze hotse kenne, sotse,
aber fantasieren totse.

Herr, gib Verstand, wo keener is!
*Man kann nur beten um mehr Verstand.*

Für die Dummheit gibt's kee Mittel.
*Jemand ist uneinsichtig.*

Die Welt is doch e grußes Norrenhaus.
*Die Menschen sind alle Narren.*

Wie sich der klenne Moritz dos vorstellt!
*So einfach ist es nicht!*

*Wer wird's denn einfach machen, wenn's umständlich au geht!*

## *So geht's – niemand versteht's*

Die Überschrift spricht für sich. Ich will sie aber zum Anlass nehmen, auf sprachliche Besonderheiten hinzuweisen. Man findet bei den Dialektsprüchen rhetorische Figuren, die man dem Bereich der Poesie zuordnet. Das lässt sich schon belegen, wenn man den Blick zurücklenkt auf die vorangegangenen Ausführungen. Ein Beispiel für den Reim, wie bei dieser Überschrift, ist neben »Jaromir, erhebe dir« der Spruch: »Miede, matt, marode – faul und au kommode!« Diese Formulierung bietet in der ersten Hälfte auch ein Beispiel für Klimax und für Alliteration. Nur der Alliteration wegen heißt es: »Do leit der Lappen!« beim Finden eines Gegenstands, und »Die schaut da nein wie die Katz ei'n Kalender«, wenn es um Unverständnis geht. Wortspiele kamen ebenfalls schon vor, wie bei »Mer hot's nee leicht, aber leicht hot's en'n« oder bei »Bist e Engel – mit'm B vornedran«. Metaphern, ein häufiges Stilmittel poetischer Texte, waren auch bereits zu finden: »Bist e Nachtolp« bezieht sich auf den mythischen Geist, der in der Nacht sein Unwesen treibt, und die Aufforderung »Kauf der ock für zwee Kreuzer Geduld« deutet an, dass dem Angesprochenen auch das Mindeste an Geduld fehlt. Weitere Redefiguren könnten aufgezählt werden, von denen ich noch das Paradoxon nennen möchte – als Beispiel »Da könnt doch die Katz a Viech werden« – und die Antithese, die sich unter anderem findet bei »Erstick ock nee – erwürgen kannste!«.

Der Dialekt wird oft als eine minderwertige Redeweise betrachtet, aber so ganz ungeschliffen ist er nicht. In diesem Kapitel sollen jedoch nicht weitere Beispiele für beachtenswerte Stilmittel gesammelt werden, sondern Sätze, die inhaltlich mit der Überschrift »So geht's – niemand versteht's« zusammenhängen.

***Zuricke bringt ke Glicke.***

Heiraten is Gift – wer's nee trifft.

Wer wess, zu wosn als es gutt is!
*Trost, wenn man Pech hatte*

Dos is mir schleierhaft.
*unklar, unverständlich*

Wo haste das denn angebaut?
*verloren*

Wird schon wo aufgehn.
*Es wird sich irgendwo finden.*

Dos koon doch nee weg sein!

Wo sein se denne?

Weg is, wie's Würschtl vom Kraut!

Da hört sich doch der Gurkenhandel uff!
*Da hört sich doch alles auf!*

Ich komm halt zu nischtn.

Soot mer'sch ocke!
*Sagt mir nur!*

Mer steckt halt nee drinne.
*Es ist schwer zu verstehen.*

Das müss' mer noch durchackern.
*Wir müssen es noch gründlich studieren.*

***Die schaut da nein wie die Katz ei'n Kalender.***

Das kann doch kenne Kotze nee lesen!

Wess der Kuckuck!

Wos wess iech?
*Wie soll ich das wissen?*

Das is wohl e Brieftaschl – oder wie oder was?

In welchem Ohre klingt's?
*Kannst du es erraten?*

Gustl hat's Hustl!
*zu einem Kind, das hustet*

Gustl hat's Hustl, hat's Bauchl verkiehlt,
und hat von der Mutter ne Watsche gekriegt.

Schlucke hoich. Wer hot mich denn ei der Ruppe?
*Wer denkt jetzt an mich?*

’s Schicksal hat en Pick uff miech.
*Ich hab immer Pech.*

## 's gieht 'n Menschen wie 'n Leitn

Man kann sich vorstellen, dass der Satz der Überschrift in einer Situation gesprochen wird, in der man mit der Not von Menschen konfrontiert ist. Wird das Leid geringer, wenn man bedenkt, dass es anderen nicht besser geht? Ein spanisches Sprichwort behauptet, dass es nicht vernünftig ist, sich damit zu trösten: »Mal de muchos, consuelo de tontos.« Das heißt, frei übersetzt: Nur Dumme trösten sich mit der Misere der vielen anderen. Pons bietet im Internet die Übersetzung durch ein deutsches Sprichwort an: »Geteiltes Leid ist halbes Leid.« Das kann ich nicht als Äquivalent des spanischen Sinnspruchs gelten lassen, denn erstens entspricht der betuliche Ton nicht dem eher aufmüpfigen spanischen, und zweitens fehlt bei dieser Übersetzung die Pointe des Spruchs. Das letzte Wort beurteilt die so Getrösteten als Dumme. Soll man, wie die Spanier, sich über Leute lustig machen, die sich mit dem billigen Trost zufriedengeben, oder Verständnis haben für die Armseligen, die beim Blick auf die Leidensgenossen eine Linderung ihrer Not erfahren? Auf die hier gesammelten Dialektworte trifft eher das Letztere zu. Sie drücken sich nicht so kritisch aus wie das spanische Sprichwort, aber sie sind auch nicht so bieder und belehrend wie der oben genannte deutsche Spruch. Lockere, teils komische Formulierungen schaffen Distanz. Das Paradox in der Überschrift oder in »alder Knabe« und belustigende Wörter wie »tattrig« oder »verhohnepiepeln« erzeugen einen lässigen Ton. Darin liegt der Charme dieses Dialekts.

Mer hot's nee gutt uff der Welt.
*Das »Ich« wird vermieden.*

's is doch e Iebelstand uff der Welt.

's is doch e Elend uff der Welt.

's is nimmeh schiene uff der Welt.

Ihr wollt mich ja ock verhohnepiepeln!
*Ihr macht euch über mich lustig.*

Ich bie schon ganz tattrig!
*zittrig, schwächlich*

Dos is e alder Tatterich.
*Er ist altersschwach, gebrechlich.*

Dos is ja e alder Krauter.
*ein alter Kauz*

Dos is au so e alder Knabe.

E aldes Mannl / Weibl
*liebevolle Bezeichnung*

Die arm' Leutln. Denen geht's dreckig.

Ich kon ja nee hatschen.
*Ich muss humpeln.*

Dos darf ich nee machen, sonst krieg ich Schweinerei.

*sonst werde ich geschimpft*

Hintennach wess mer’s immer besser.

*Nachher ist man immer schlauer.*

Da hoich mich abgerackert, für nischt und wieder nischt.

*Es war alles umsonst.*

’s klappt halt nee.

***Wie mer’s macht, so macht mer’s falsch.***

## Leute bedreschen

Warum ist es so schön, über andere Leute herzuziehen und mit allen möglichen Schimpfwörtern sein Missfallen zu bezeigen? Vielleicht hält man diese Form des Angriffs für die feinere Art, denn man vermeidet direkte Konfrontation und erhält keine Entgegnung, sodass der Eindruck eines friedlichen Verhaltens entsteht. Das Bedreschen, das abfällige Reden über andere, gilt jedoch nicht als Tugend, und die meisten Leute wollen es auch vermeiden, aber die Worte rutschen ihnen einfach so heraus. Der Dialektsprecher unterscheidet sich da nicht von den anderen. Seine Worte können besonders derb sein, was die folgenden Beispiele kaum belegen. Meistens wird die negative Aussage durch die kuriose Formulierung abgemildert. Das harte Urteil wird durch die erheiternden Wörter erträglicher. Möglicherweise findet man hier besonders amüsante Wendungen.

Dos is e alder Rumzug.

*Er ist immer unterwegs.*

Dos is e alder Reitsack.

*Er hat keine Ruhe im Leibe.*

Der is immer uff der Koterbohne.

*immer unterwegs, wie ein Kater auf seinen Bahnen*

Der hot Hummeln im Hintern.

*Das ist ein unruhiger Geist.*

Der hot ke Sitzefleisch.
*bairisch: wie a Schachtelteifel*

Der hot e bissl übern Durst getrunken.
*Er ist betrunken. (Euphemismus!)*

Der is ja ock so e Griebschl!
*schmächtig; Griebsch ist das Kerngehäuse*

E langer Lackl / e langer Lulatsch
*(Alliteration!)*

Dos sein Streithansln
*Streithähne*

E kindscher Sack

E Zappelfritze / e Zappelphilipp
Ene zapplige Liese

Die hat immer ene Zucht mit allem.
*Sie ist übertrieben besorgt und aktiv.*

Die hat halt egal so ene Zucht.
*ausgesprochen égol: immer*

Die is e bissl übertrieben, nee?
*überspannt, etepetete*

Die hat so ihre Zicken
*Sie ist zickig, launenhaft.*

Die hat ihre Mucken
*Sie hat Eigenarten, ist eigensinnig.*

***So ene Zinzonne!***
*Sie nervt durch ihre Empfindlichkeit.*

Die is ene Zimpertine!
*Sie ist zimperlich.*

Ene dumme Trine
E dummes Gansl

Ene Schlampertine / e Schlamprian
*Sie sind schlampig.*

Der kann mer's mit nischtn nee recht machen.

Die hot ene Dreckschleuder.
*Die redet mir zu viel.*

Die wern uns bedreschen.
*über uns herziehen*

Die *hot* e Keppl!
*Sie ist eigensinnig.*

Die setzt sich kuchenbreit da hin.

Die kann wohl nee »muh« sagen.
*Sie grüßt nicht / dankt nicht / antwortet nicht.*

Die hot das halt gor nee im Schuss.
*nicht in Ordnung, es funktioniert nicht*

Die is zu ruschlig / ene Ruschltasche.
*Sie ist fahrig, schlampig.*

Die is so rammelhaftsch.
*zu hektisch*

Ene Jammertasche
*Sie jammert immer nur.*

Die nam's ja vun Lebend'schen.
*Sie verkaufen zu teuer, sind rücksichtslos.*

Der is su gromhaftsch.
*geizig, missgünstig*

E Bleedrich
*ein Depp*

Der kann mer gestohlen bleiben!
*Von dem will ich nichts mehr wissen.*

Der kann mir uff'n Frack steigen!
*Er kann mir den Buckel runterrutschen.*

## *O jemmerschnee!*

O jemmerschnee! Jeder versteht, was mit dem eigentümlichen Wehruf gemeint ist, aber was bedeuten diese Worte? Besteht der Anfang nicht aus Fetzen von »Jesus, Maria!« und erinnert der Schluss nicht an »ach nee«? Jedenfalls bleibt der Ausruf rätselhaft, und das könnte gerade seinen Reiz ausmachen. Klar ist, dass Erschrecken, Mitleid oder Bejammern ausgedrückt werden oder dies alles zusammen. Solche Interjektionen haben eine wichtige Funktion, solange man noch unfähig ist, seine Gefühle differenzierter auszudrücken oder Hilfe anzubieten. Der Rückgriff auf solche Interjektionen erlaubt es dem Gesprächspartner, überhaupt zu reagieren.

In diesem Kapitel werden einerseits Äußerungen aufgeführt, die Reaktionen auf besonders traurige und bedauernswerte Nachrichten darstellen, andererseits auch Situationen angedeutet, die Anlass zu einem Ausruf des Jammers geben. Es ist zu vermuten, dass allein das Aussprechen der schlimmen und unabänderlichen Tatsachen, des Ärgers oder der Betroffenheit die leidvolle Lage erträglicher macht. Besonders ist dies zu erwarten, wenn Worte des Dialekts dies ausdrücken – es sind Worte ohne Gram, Schärfe und Schwarzmalerei.

O Jesses!
Jess, Maria'nd Josef!
Herrje!

Bist halt iebel dran!

Au noch dazu!

Schade drum!

Host halt ke Glicke.

Wer wird denn da glei flenn?
Tuk nee flenn!
*Nicht weinen!*

Nu flenn ock e bissl!

Haste denne kenne Handschkln? ’s is doch zu kalt heute.
*Hast du denn keine Handschuhe?*

Hast wohl enn biesen Finger?
*Hast du dir den Finger verletzt?*

Der wird wohl abfallen!
*Sicher wird der Finger abfallen.*

Dos hoich versiebt / verschmissen / versät.
*Ich hab’s verloren.*

Ich hos’n dicke.
*Mir reicht’s.*

Ich koon doch nimmeh!
*Ich bin schachmatt.*

***Heut bi ich mer selber nee gutt.***
*Ich bin heute schlecht gelaunt.*

Sagn mer halt »’s wor nischt« und gehn wieder.
*Die Mühe war umsonst.*

Etz sein se belämmert.
*betreten, niedergeschlagen*

Ho iech ene Golle!
*Eine Wut hab ich!*

Da könnt mer sich ei’n Hintern beißen.
*großer Ärger*

Dos elende Zeug!
*ein Ausdruck der Wut*

Ich ho die schnelle Kate!
*Durchfall*

’s is doch wie verhext.

No zum Kuckuck!

Haste Teene!
*Da fehlen einem die Worte.*

Besser wie e Beinbruch!

Die is schon lange ei Grobe.
*Sie ist schon lange tot.*

Die war schon e bissl mank in letzter Zeit.
*Sie war bei schwacher Gesundheit.*

Er is bei der Matura durchgerasselt.
*Er hat das Abitur nicht bestanden.*

Dos is ja e Revolverblatl.
*abwertend für Boulevardzeitung*

Klappt's wohl nee?

Wirste denn damit zurande kommen?

Jetz is es zerteppert!
*zerbrochen*

Tut mich ock nee su elend machen!
*Kritisiert mich nicht immer!*

## *Musst was auf dich geben!*

Ich habe nichts gegen Trachtenvereine, aber man darf sich die Dialektsprecher nicht als trachtentragende Traditionshüter vorstellen. Die Dialektausdrücke sind zwar auch von früheren Generationen übernommen, aber den Benutzern des Dialekts geht es nicht um die Bewahrung der Tradition. Wenn sie die althergebrachten Ausdrücke verwenden, so tun sie dies häufig, weil sie gerade treffend oder besonders pfiffig sind oder sie gerade Lust dazu haben. Ihr Erscheinungsbild ist nicht altmodisch und hebt sich nicht von dem der anderen ab. Wenn aber jemand sein Äußeres vernachlässigt, kann man ihn ermahnen mit den Worten: »Musst was auf dich geben!« Hier sind weitere Ausdrücke, die in Zusammenhang mit der äußeren Erscheinung stehen.

E kurtsches Tappertl
*ein kurzes Kleid*

E Gankerle
*ein Kleid, abfällig*

Bist ja 's reinste Farbenkastl!
*Kritik an der zu bunten Kleidung*

Aus jedem Dorf en Hund!
*Die Kleidung passt nicht zusammen.*

Das passt doch meiner Lebtage nee zamm.
*Betonung der Aussage*

Wenn mer nee hinguckt, sieht mer's nee.
*Reaktion auf Fleck in der Kleidung*

Siehst ja aus wie 'ne gebotte Maus.
*wie eine gebadete Maus, wenn man nass geworden ist*

Die gibt viel auf sich.
*Sie ist sehr gepflegt.*

Musst was auf dich geben!
*Lauf nicht so schlampig herum!*

Dos Jackl is gor schiene!
*Das Jäckchen ist aber schön!*

Wunderschön is Dreck dagegen!
*Lob für Outfit*

Das hat doch kenn Schmiss!
*Das ist nicht chic.*

Das zieh'ch ock daheeme rum an.
*Das trage ich nur zu Hause.*

Blau und rot is Bauernmod'.

***Ich ho kenn Bauch, ock e Fleckl, wo er hingeheert.***
*Urteil über die Figur*

Ich bin ein schweres Geschütz.
*Ich bin übergewichtig.*

Do seh ich ja aus wie ’ne Truntl!

*Da seh ich plump aus.*

Das sieht aus nach »Ich mechte so gerne und koon doch nee«.

*Das sollte wohl besonders apart sein.*

## *Kurtsch und gutt*

Weniger ist mehr – so heißt eine Devise, der man meist zustimmt, die aber in der Praxis nicht beachtet wird. Wenige Zeitgenossen bewohnen so leere Räume wie Georgia O'Keefe, die nach dieser Devise lebte. Auf die Sprache übertragen, bedeutet dieses Prinzip: In der Kürze liegt die Würze!

Der Ausdruck »kurtsch und gutt« wurde nicht in diesem Sinn verwendet. Er diente als Einschub in eine Rede, um anzudeuten, dass man jetzt einiges weglassen müsse. Die oft gebrauchte Redewendung dient jedoch hier als Überschrift für ein Kapitel, in dem Ausdrücke aufgeführt werden, deren Gemeinsamkeit ihre Kürze ist.

Kürze scheint ein Merkmal zu sein, durch das sich der Dialekt, oft vorteilhaft, von der Schriftsprache unterscheidet. Das trifft zum Beispiel auf den bairischen Dialekt zu, dessen »Host mi« genial das hochdeutsche »Hast du mich verstanden?« ersetzt. Erst recht würde ein Dialektsprecher aufgeblasene Formulierungen, wie man sie derzeit in den Medien häufig hört, nicht in den Mund nehmen, z. B. die Einleitung »Ich möchte darauf hinweisen dürfen« oder die Schlussbemerkung, die Verhandlungen könnten »zeitnah finalisiert werden«. Redundante und hochtrabende Formulierungen, die die Gegenwartssprache oft verunstalten, kommen im Dialekt nicht vor. Statt Großspurigkeit ist eher Untertreibung zu finden.

Komm ocke! / Komm ock komm!

Komm mer ocke!

*Untersteh dich!*

Gieh ock gieh!

*Geh weg!*

Nu sieh ocke!

*Schau nur!*

Sik! / Sieh ock sieh!
Heert ock heert!

*Hört euch das an!*

Denkt ock an!

*Stellt euch das vor!*

Denkste nee?

*Stimmt's nicht?*

Drum eben!

*Gerade deshalb!*

Na alsdann!

*Hab ich nicht recht gehabt?*

No nee!

***Nuwer / Nuwer nee?***

*Nicht wahr?*

Siste?
*Siehst du?*

Nu soot mer'sch ocke!
*Na so etwas!*

Nu sei ock so gutt!
*Das kann doch nicht wahr sein!*

Ja richtsch wohr!
*Ach so, stimmt ja!*

Wos wess iech?
*Keine Ahnung!*

Nischt doe!
*Es ist nichts da.*

Futsch is!
*Weg ist es!*

Nischt – reene gor nischt!
*überhaupt nichts*

Nischt und wieder nischt!

Da is doch nischt dazu.
*Das gefällt mir nicht.*

Gutt, gutt, gutt!
*Hör auf! Es reicht!*

Mog giehn. / ’s mechte giehn.
*Passt schon!*

Tuk tummeln!
*Beeil dich!*

Mach ock schon!
*Geht’s nicht schneller?*

Und etze?
*Und jetzt – was machen wir?*

Fertsch!
*Fertig!*

Fertig is der Lack!
*Das haben wir geschafft.*

Schluss mit Jubel!
*Endlich aus!*

## *Mir sein ja ock vom Dorfe, mer heert's uns ock nee on!*

Der witzige, ironische Satz dieser Überschrift ist zunächst nur amüsant. Aber er bezieht sich auf Auffassungen, die durchaus ernst gemeint sind: Erstens: Auf dem Land spricht man Dialekt. Zweitens lässt sich aus dem *ock* (*nur)* im ersten Satzteil schließen, dass man von einer Unterlegenheit der Landbevölkerung gegenüber den Stadtbewohnern ausgeht. Beides stimmt nicht mehr. Auch auf dem Land ist der Dialekt auf dem Rückzug. Die zweite indirekte Aussage der Überschrift ist auch überholt. Es gibt kaum mehr einen Grund für Minderwertigkeitsgefühle, wenn durch die Möglichkeit, im Homeoffice zu arbeiten, das Leben auf dem Land sogar erstrebenswert wird.

Das Dorf hat sich geändert, nicht nur im Erscheinungsbild. Auch die Sprache verändert sich ständig, und doch bewahrt sie Spuren aus der Vergangenheit. Das frühere Dorfleben, das ein bäuerliches war, wird in vielen mundartlichen Ausdrücken wieder lebendig. Das trifft auch auf meine heimatliche Sprache zu, der die folgenden Beispiele entnommen sind.

Du bist e Engel – aus der Rosskammer!
*zweifelhaftes Lob*

Die ham se ja gelobt übern grünen Klee.
*übertriebenes Lob*

*Erpeln*

*Erdäpfel, Kartoffeln*

**Wenn du nee wärst und die klenn Erpeln – dann missten die Schweinln große fressen!**

*Wenn du nicht wärst!*

Bist e Buschweibl!

*Dass du so gern in den Wald gehst!*

Das wär ja Holz ei'n Busch getragen.

*Holz in den Wald tragen*

Die is ene richtsche Landpomeranze.

*abwertend für Landbewohnerin*

Da schimpft se wie e Rohrspatz!

Die is heute so gemecke.

*Sie ist gut gelaunt.*

Die is e geduld'sches Lamml.

Ene blinde Henne find't au mol e Korn.

Wer gackert, muss au legen.

*Wer A sagt, muss auch B sagen.*

Tschippln und e Hienl

*Küken und eine Henne*

E Zickl

*Zicklein*

Weiße Medln

*Gänse*

Eichkatzl

*Eichhörnchen*

Nusshakl

*Eichelhäher*

*Rotkatl*

*Rotkehlchen*

Rotkatl hot ei die Suppe gemacht – und iech wor's!

*Immer bin ich's!*

Das Hundsvieh, das miserabliche!

Der Hundskriepel!

Das Katzenviech!

Viechzeug

*Ungeziefer, Mücken*

Jauche

*Gülle*

E getrocknetes Birnl

*gebrauchtes Taschentuch*

Tuk nee so vill Milch ei die Buchte – dass nee der Müller dersäuft!

Wie e oller Fuhrknecht
*eine raue Stimme*

Baude
*Schutzhütte*

Do lauf'sch borbs. – Kannst doch nee borbs giehn!
*barfuß*

Gehn mer schleifen?
*Wollen wir Schlittschuh laufen?*

's Pferdl riecht 'n Stall.
*Vor dem Ziel geht oder fährt man schneller.*

In Lindenau, da is der Himmel blau, da tanzt der Ziegenbock mit seiner Frau.

## Wie spät hammers denne nach menschlicher Berechnung?

Seit der Industrialisierung begann die Pünktlichkeit eine Rolle zu spielen. Je höher der Grad der Zivilisation, desto wichtiger wurde die Pünktlichkeit, die heute in hochentwickelten Staaten unverzichtbar ist. Da sich in den Dialekten das Leben früherer Epochen spiegelt, kann man dort kaum Sprichwörter finden, die zur Pünktlichkeit anhalten. Was in der letzten Zeile dieses Kapitels zu lesen ist, befördert eher das Gegenteil: Pünktlichkeit und Eile sind nicht nötig, denn »was nee heute wird, wird morgen«. Trotzdem wird natürlich über Uhrzeiten, Tageszeiten und Feste im Jahresablauf gesprochen, und nicht nur auf Hochdeutsch. Dass das Wetter mehr als das Datum interessiert, ist in einem ländlichen Umfeld zu erwarten. Unerwartet sind für den Leser vermutlich die letzten Worte dieser Überschrift. Wie so oft, haben sich hier Fremdkörper in die mundartliche Rede eingeschlichen; das Hochdeutsche scheint sich mit dem Dialekt gut zu vertragen. Der Dialekt in »reiner« Form wirkt geradezu langweilig gegenüber dieser unkonventionellen Verbindung.

Wie spete mag's denn sein?
Wie spete hammers denne? – 's is halber zehne.

's is schon sechse durch.
*Es ist schon sechs Uhr vorbei.*

Ume viere
*um vier Uhr*

Hob ich gedocht, ich bie um zehne fertsch. – Nischt wor's!
*Um zehn Uhr wollte ich fertig sein. Damit war es nichts.*

Ume halber elfe

's is glei siebene

Um zwelfe rum
*gegen zwölf Uhr*

Dos is schon rum.
*Das ist schon vorbei.*

Zumittsche – am Nochmittsch – am Vormittsch
*zu Mittag – am Nachmittag – vormittags*

Wird's denn morne regnen?
*Wird es morgen regnen?*

Nee, 's wird ock e poor Troppen schmeißen.
*nur ein paar Tropfen*

's weht e kahler Wind.
*Ein kalter Wind weht.*

's hat gesiefert.
*Es gab Sprühregen, Nieselregen*

Ei der Faste – Mir hon doch Foste!
*Fastenzeit – Jetzt ist doch Fastenzeit!*

Der hehre Tag
*der erste Weihnachtsfeiertag*

An Nicolo
*am 6. Dezember*

***Der Mond läuft über.***
*Bei Vollmond setzt Regen ein.*

Was kommt denn nu?
*Wie geht es jetzt weiter?*

Was nee heute wird, wird morgen.
*Morgen ist auch noch ein Tag.*

## *Schmecke wie de willst, ich wess ja, wos drin is!*

Auf der Suche nach einem Rezept stieß ich im Internet auf Unerwartetes. Semmelbabe – selbst den Namen dieser böhmischen Speise hatte ich vergessen, und als ich dieses Wort las, begann ich danach zu forschen. Das Rezept konnte ich nur in einer überraschenden Version finden: in englischer Sprache, von einem Tschechen verfasst, unter den Kommentaren zu einem anderen Rezept. Der Tscheche gab an, dass er deutsch nicht schreiben oder sprechen, wohl aber lesen konnte, und er kannte das deutsche Wort für Žemlovka: Semmelbabe. »Regards from the Czech Republic« stand unter dem Eintrag.

Semmelbabe ist eine »Mehlspeise«. Mittwoch und Freitag waren Fastentage, und an diesen kam immer eine Mehlspeise auf den Tisch. Es gab also nicht nur *einen* »veggie day« in der Woche, und dieser war nicht umstritten. Fisch überließ man weitgehend den Bewohnern von Küstenregionen. Böhmen kann man nicht dazu zählen, obwohl ein bekanntes Gedicht von Ingeborg Bachmann den Titel trägt: *Böhmen liegt am Meer.* Schon Shakespeare wählte das Land Böhmen am Meer als Schauplatz des Wintermärchens, allerdings als fiktiven, utopischen Ort. Fest steht, dass Fische als Nahrungsquelle in Böhmen keine große Rolle spielten. Wenn sie im Dialekt vorkamen, dann als lebendige Tiere – ein Mensch ist manchmal »munter wie e Fischl.« Der Ausspruch »Fischlsuppe gibt's kenne« hat mit dem Essen gar nichts zu tun. Es handelt sich dabei um die

Aufforderung, nicht zu *fischeln oder fischpeln*, ein Wort, das mit *zischeln, wispeln, wispern* oder *flüstern* verwandt ist. Mit der Suppe wird man hier nur geneckt.

In diesem Kapitel geht es um Speisen und alles rund ums Essen. Ist die Zubereitung eines Gerichts einmal nicht gelungen, so gibt es einen schönen Spruch, mit dem man sich trösten kann. Er bildet die Überschrift dieses Kapitels.

Ich will ja gerne Hunger leiden, wenn's ock dir schmeckt!

Hunger hoich – ich kennde quieken!

Do kennt'sch mich zum Kriepel frassen!
*Das schmeckt gut!*

Das mechte gutt sein.
*Das könnte gut sein.*

Dos is ene Guttschmecke.

Das wird einem nie über.
*Man wird dessen nicht überdrüssig.*

Schnabulieren
*mit Behagen essen*

Tschutschen, austschutschen
*lutschen, saugen, bairisch zuzeln*

Rimknäufeln
*lange kauen*

Neintunken
*hineintauchen*

Ene Schnitte übers Brot
*eine Brotscheibe*

E Schliefl Butter
*eine dünne Scheibe Butter*

***Dos sein ja Mohblatln.***
*Die Schnitten sind dünn wie Mohnblätter.*

E Prinzessschnittl
*eine besonders dünne Scheibe Brot*

Rampftl
*Endstück vom Brot*

Gat mer ock e Sticke Brot!
*Gebt mir nur ein Stück Brot!*

Jause
*Brotzeit*

Hengermolst
*Henkersmahlzeit, Essen vor einem Abschied*

Wer wess, von wos'n als mer fett wird!
*wenn man etwas isst, das heruntergefallen ist*

's is nee iebel, aber iebel kennt en werden.
*»Lob« für eine Speise*

Dos schmeckt ja nach nischtn!

Schmecke wie de willst, ich wess ja, wos drin is!

Für *dos* Geld gieht's weg!
*Das nimmt schon noch jemand.*

Iss ock – sonst fällst de vom Fleische!
*Iss nur, sonst magerst du ab.*

Kriegst Läuse ei'n Bauch!
*Trink dieses Wasser nicht!*

Ich hab dir's gegönnt!
*Wenn jemandem Essen herunterfällt:*
*Kein böser Wunsch von mir war schuld.*

Mir ham Salz verschütt'. Da wird's Streit gebn.

Bist ene Kleckertasche.
*Du hast gekleckert.*

***Hast's verschwappert / verschweppert.***
*verschüttet, es ist übergeschwappt*

Aufwaschen
*Geschirr spülen*

Das is ja das reinste Uffwoschwasser!
*dünner Kaffee oder Tee*

Ock e Schlickl!
    *Nur ein Schluck!*

Ich ho kee Treppl meh ei meim Glase
    *keinen Tropfen mehr*

Kaffeetscherl

E Radl Wurscht

Ene Fettenschnitte – mit Gänsefetten

Speckln
    *Speckwürfel*

Raucherfleisch
    *Geräuchertes*

Fleischbrotln
    *Frikadellen*

Mehlschwitze
    *Einbrenne*

Mehltunke
    *Mehlsoße*

Schinkenfleckln
    *Schinkennudeln*

Semmelbabe
    *Auflauf mit altbackenem Weißbrot*

Erdeppel mit em schwarzen Steppel
*Kartoffel mit einem schwarzen Fleck*

Griebsch
*Butzen, Kerngehäuse*

Die sein ja wie teegsche Birn!
*(Bananen) sind wie teigige Birnen*

Zuckerle
*Bonbon*

Staubzucker
*Puderzucker*

Mandeln brauch' mer? Ock hon!
*Wenn wird die nur hätten!*

E Mohsackl
*Mohnsäckchen, für Kinder zur Beruhigung*

Nachtmahl
*Abendessen*

Die läuft weg wie's Schweinl vom Troge
*Sie räumt nichts weg nach dem Essen.*

Rapsenreene uffgegessen!
*Alles aufgegessen!*

## Nekapišto?

»Bimsch« sprach meine Mutter nicht. »Bimsch« heißt auf Deutsch Böhmisch oder Tschechisch. Eine alte »Grammatik der böhmischen Sprache«, die die Vertreibung überstanden hat, befindet sich in meinem Bücherschrank. Ob jemals eine Person aus meiner Familie sich damit beschäftigt hat, weiß ich nicht. Jedenfalls hatte meine Mutter nie »Bimsch« gelernt. Die tschechischen Wörter, die sie verstand, konnte man an den Fingern abzählen. Aber sie gerieten nicht in Vergessenheit, sondern wurden regelmäßig in die deutsche Alltagssprache eingebaut. Das klang dann so: »Wo is denn der klíč?« und »Do kimmt ja die slunce«, wenn der Schlüssel verschwunden war oder sich schönes Wetter ankündigte. Als Abschiedsgruß hörte ich oft »Na shledanou«, und »pomalu« war eine Ermahnung, etwas langsamer anzugehen. Als Antwort auf manche Fragen habe ich »No!« in Erinnerung, nicht von einem Kopfschütteln, sondern von einem Nicken begleitet, denn es hieß »Ja«, wie im Tschechischen. »Nekapišto?« wurde ich halb vorwurfsvoll, halb scherzend gefragt, wenn ich etwas nicht hören wollte: »Hast du nicht verstanden?« So hatte die tschechische Umgangssprache das im Dorf gesprochene Deutsch unterwandert.

Nekapišto? Unter dieser Überschrift sind hier Wörter gesammelt, deren Bedeutung vielen Deutschen rätselhaft ist. Dazu gehören besonders Bezeichnungen für Nahrungsmittel; die folgende Aufzählung ist also auch eine Fortsetzung des vorausgegangenen Kapitels. Die tschechische Herkunft vieler Wörter ist offensichtlich;

zum Vergleich wurde hier mehrere Male die vermutliche Wurzel angegeben.

Einige Wörter für Blumen sind auch diesem Kapitel zugeteilt, weil sie sich stark von der Standardsprache unterscheiden und deshalb nicht leicht verständlich sind. Es geht im Folgenden also nicht nur ums Essen, und Maiglöckchen sollte man keinesfalls für etwas Essbares halten – sie sind hochgiftig!

***Hetschepetsche***

*Hagebutte, vgl. šípek*

Zauken

*Maiglöckchen*

Pumplrosen

*Pfingstrosen*

Hemdeklenger

*Buschwindröschen*

Veigln

*Veilchen*

Gänseplatschln

*Frauenmantel*

Ribisln

*Johannisbeeren, vgl. rybíz*

Pomeranze

*Orange, vgl. pomeranč*

Paradeiser
*Tomate*

Erdeppeln
*Kartoffeln*

Porree
*Lauch*

Zeller
*Sellerie, vgl. celer*

Karfiol
*Blumenkohl*

Kapuste
*Wirsing*

Kren
*Meerrettich, vgl. křen*

Schmetten
*Sahne, vgl. smetana*

Faschiertes, Gewiegtes
*Hackfleisch*

Karvenadln
*Karbonaden, Fleischpflanzl*

Palatschinken
*Pfannkuchen, vgl. palačinky*

Dalken
*eine Mehlspeise, vgl. vdolky*

Liwanzen
*wie Dalken, vgl. lívance*

Grießgasch
*Grießbrei, vgl. kaše*

Striez
*(Christ-)Stollen*

Osterlabl
*Osterbrot, wie Striez, aber runde Form*

Buchte, Buchtln
*einfaches Hefegebäck, Rohrnudel*

Powidl
*Pflaumenmus, vgl. povidla*

## *Daheeme rum*

Bei meiner Suche im Internet, auf der Spur der Semmelbabe, fand ich noch etwas Überraschendes. Ein Rezept, das im Netz angeboten wurde, erinnerte junge Leute in einem Forum an etwas, das sie bei ihren aus Böhmen stammenden Großmüttern gegessen hatten. Sie schwärmten von Gerichten, deren Namen sie nicht einmal kannten – und nicht nur das. Sie schwärmten von der Kochkunst ihrer Großmütter, aber auch von deren Sprache, die sie als lustig, sogar als genial empfanden. Die Beispiele, die sie nannten, *Dippla* und *Schnuppdichla* für *Tasse* und *Taschentuch*, waren Wörter, die den mir bekannten sehr ähnlich waren. Und doch waren sie mir nicht ganz sympathisch, und ich stellte fest, dass mir »meine« viel besser gefielen. In meiner Gegend hieß es *Schnuppetichl* und *Tippl*, und dazu gab es das wunderschöne Kompositum *Schnäuzltippl* für *Kännchen*. So sehr ich mich über die Wertschätzung der jungen Leute für die Dialektwörter freute, so grenzte ich mich doch von ihnen ab. Die fremden Wörter gehörten nicht zu meiner Identität. Goethe hatte also recht, wenn er in *Dichtung und Wahrheit* schrieb, dass jede Region ihren Dialekt liebe.

Neben den oben zitierten, besonders ansprechenden Ausdrücken sind noch andere aus dem häuslichen Bereich unter »Daheeme rum« aufgeführt. Es sind Alltagswörter, doch ab und zu erhält der Alltag durch Wörter Freundlichkeit, Witz und sogar Fröhlichkeit.

Mir is frutschlig.
*Mich friert.*

Feurichl
*Feuer (Heizung)*

’s muss ock e bissl ieberschlagen sein.
*nicht ganz kalt*

Spanl, Spreißl
*zerkleinerter Holzscheit*

Spieß, Dorn
*Holzsplitter unter der Haut*

Grindl
*Wundschorf*

Ene Nulde
*Nadel*

Ene Funzl
*schwaches Licht*

Das Zeugl

So e Kramuri!
*Unordnung*

Da sieht’s ja aus wie ei Kratzls Laden!

Sieht aus wie in der wilden Walachei!

Mach' mer's uns ock e bissl hibsch!

Anziehsachen

E Hemde

E Leibl

*Unterhemd, Leibchen*

Gib's ock ei e Sackl!

Haftln

*Haken und Ösen*

Ziche

*Bettbezug, Betttuch*

Zudecke

*Bettdecke*

Maukln

*Flusen, Fusseln*

E Hader

*Putzlumpen*

Waschfleckl

*Waschlappen*

Schnupp(e)tichl

*Taschentuch*

Schweifen
*Wäsche spülen*

Was nee weggeht, geheert dran.
*Reaktion, wenn ein Fleck nicht weggeht*

Uffwaschen
*Geschirr spülen*

Hietrobrat
*Tablett (Hintragebrett)*

Reinl
*Kochtopf*

Kastrol
*flacher Topf mit Stiel*

Stürze
*Topfdeckel*

Suppenschepper
*Suppenschöpfer, Schöpflöffel*

Tippl
*Tasse*

Schnäuzltippl
*Kännchen*

Milchkannl

Untersatzl
*Untertasse*

Abseihen – e Seigl
*ein Sieb*

Nappl
*Näpfchen, kleines Gefäß*

Dos is ja ock e Vogelnappl!
*ein zu kleines Gefäß*

Zuckernappl
*Zuckerdose*

Salznappl

Messerkastl
*Besteckkasten*

Da könnt mer ja nach Proge reiten!
*nach Prag reiten; ein stumpfes Messer!*

Wer hat dir denn gesagt, dass du runterfallen sollst?
*Reaktion, wenn etwas herunterfällt*

Stolriche
*Stengel, Stecken*

Bankl, Stockerle
*Fußbank, Fußschemel*

Nachtkastl

Ascher
*Aschenbecher*

E Bichl und e Blatl
*ein Buch und ein Blatt Papier*

So e Geschreibsel!

So ene Zettelwirtschaft!

Wo is denn der Schreiberling?
*Wo ist der Stift?*

Hast ja saumäßig geschrieben!
*Du hast geschmiert.*

Was mag denn da drinne sein?
*Was könnte da drin sein?*

Do hinne
*hier herin*

Gib's ock do druffe!
*Gib es da drauf.*

Die sitzt am Throne.
*Sie ist im Bad.*

Boden
*Dachspeicher*

Wann kimmt der Rau(ch)fangkehrer?
*Kaminkehrer, Schornsteinfeger*

## *Hibsch bissl*

Ein Wort hat mich immer geärgert in dem Büchlein, in dem mir meine Mutter ihre Kochrezepte aufgeschrieben hat. Es ist das immer wieder verwendete Wort »etwas«. Wie sollte ich wissen, was ich mir unter »etwas Milch«, »etwas Grieß« oder »etwas Zucker« vorzustellen hatte? Im Gespräch kamen statt des »etwas« Dialektausdrücke zur Anwendung, die auch nicht genauer waren. »Wieviel Mehl soll ich nehmen?« wurde beantwortet mit »No, hibsch bissl«, was nicht besonders hilfreich war. In der Küche waren Waage und Messbecher verzichtbare Utensilien – Augenmaß und Gefühl waren zuverlässige Helfer.

Dies schien in meiner Heimat ganz allgemein zu gelten. Auch die vorher erwähnten jungen Leute, die im Internet ihre Erfahrungen austauschten, berichteten das von ihren Großmüttern. Die legendären Buchtln der Oma wurden nie nach Rezept gebacken, sondern immer nach Gefühl, schrieb eine von ihnen.

Die Mengenangaben, die im Dialekt verwendet wurden, unterscheiden sich von denen, die wir für nötig erachten. Im Folgenden sind Beispiele dafür zu lesen, wie exakte Festlegungen umgangen wurden. Dabei konnte man natürlich gut rechnen und hatte Respekt vor Adam Riese, und man verstand durchaus Gewichtsangaben in Deka, aber im Alltag gebrauchte man Zahlen sehr ungern.

Mir hon hibsch poor Beeren gefunden.
*ganz schön viele*

Wie viele willst du? – No halt e poorl.
*ein paar*

Wie viel brauchst du? – No, hibsch bissl.
*ganz schön viel*

Dos is e bissl wink.
*Das ist zu wenig.*

E bissl winger
*etwas weniger*

Genunk!
*Genug!*

E bissl wos. – Wingstens dos!
*Ein bisschen wenigstens!*

Lass ock gutt sein!
*Jetzt reicht es.*

***Ock e Neegl!***
*ganz wenig von einem Getränk; eine Neige*

Zwantsch
*zwanzig*

Dos sein Sticker viere
*vier Stück*

90 + 20 = 110 nach Adam Riese

Deka

*Dekagramm, 10 Gramm*

## *Der is schon sei Geld wert!*

Beim Einkaufen ist die Sache klar. Wenn etwas sein Geld wert ist, braucht man keine Bedenken zu haben; es spricht nichts gegen den Kauf. So eindeutig ist die Aussage nicht, wenn der Satz auf eine Person angewendet wird. Man muss davon ausgehen, dass er dann ironisch gemeint ist und im Umgang mit diesem Menschen Vorsicht geboten ist. Es handelt sich wahrscheinlich um eine Person, die gern über die Stränge schlägt und für jeden Jux zu haben ist. Trotzdem schwingt etwas von Anerkennung mit, bei aller Skepsis. Nichts wird festgelegt in diesem Satz, der weder Achtung noch Ablehnung ausdrückt, oder beides. Ähnliches gilt für die folgenden Dialektbeispiele. Die Ambivalenz macht die Ausdrücke dieses Kapitels, die sich auf Personen mit zweifelhaftem Verhalten beziehen, gerade interessant.

E gewiefter Kerle
*schlau, gerissen*

E Schlawiner
*schlau, pfiffig*

Du bist schon e Kunststickl!

Bist doch e Schlankl!
*Schelm, Schlingel*

So e Funken!
*So ein Lausbub!*

Bist e Muster ohne Wert.
*(Postvermerk für Probesendungen)*

***Der macht ock Spimpernakln!***
*Späße, Unfug*

Der macht immer so Spassetln.
*Scherze, Dummheiten*

Du bist mer schon e Halunke!

Ihr seid mir so ene Bagage!

Dos is e Spund!
*Bürschchen*

E klennes Lasterchen

Das is schon e Racker!

E klenner Strick

E Kalfakterl

Du bist schon ene Motte!

Die is e Windebiestl!
*ein Wildfang*

Die is mit allen Salben geschmiert.
*Sie ist durchtrieben.*

Das hat er mir stibitzt.
*entwendet, spaßeshalber*

Der tut ock herumstrawanzen.
*Er treibt sich bloß herum.*

Eens 30, ’s andere e halbes Schock!

Die kennt mer an ee Wagl spann.
*Es sind zwei gleiche Halunken.*

## *'s is nee su eefach, wenn mer's doppelt nimmt*

Den Anfang dieses Satzes kann man sich mit einem leisen Stöhnen gesprochen vorstellen. Aber der Ton ändert sich. Die zweite Hälfte ist ein Beispiel für die Tendenz der Dialektsprecher, die Klagen durch eine Wendung ins Scherzhafte abzumildern, ihnen etwas Komisches entgegenzusetzen. In einer unangenehmen, schwierigen Lage belässt man es nicht dabei, sich ernst darüber zu äußern, sondern man versucht, entweder mit ungewöhnlichen Formulierungen oder mit spaßhaften Zusätzen, sich selbst oder den Betroffenen Mut zu machen.

In Abwandlung des Satzes der Überschrift könnte man sagen: »'s is doppelt schwer, wenn man's zu ernsthaft nimmt.« Damit lässt es sich vielleicht auch rechtfertigen, dass diese Sammlung nicht ernsthaften wissenschaftlichen Kriterien genügt. Bei strengen Dialektologen, die zum Beispiel den heute gesprochenen Münchner Dialekt »Schickeria-Bairisch« nennen und selbst die Sprache Karl Valentins als »Katastrophen-Bairisch« tadeln[3], wird diese Schrift wenig Anklang finden. Meine Mutter hielt sich nicht an ein Reinheitsgebot, und ich habe es genauso getan und zuweilen Standardsprachliches und in der Umgangssprache anderer Regionen Gebräuchliches aufgenommen, wenn es in einem Atemzug mit Mundartlichem aus meiner Heimat genannt wurde und

---

3 Siehe Frankfurter Allgemeine Sonntagszeitung, 10. 3. 2002, Münchner Seiten, *Nach der Mittelstufe wird Bairisch wieder cool.*

aus demselben Geist kam. Für diesen Geist, der auch in schwierigen Situationen gelassen bleibt, gibt es hier weitere Beispiele.

Lieber en Sack Flehe hieten wie euch!

Der is e richtsches Stehaufmannl.

Kene Müdigkeit vorschützen!

Weiter, weiter, Herr Gefreiter!

Die hot sich abgerackert.

Mechtst erst Wolkenschieben gehen.
*Geh nicht weg bei dem schlechten Wetter!*

Was sein muss, muss sein, und wenn's ene Ohrfeige is.

Ich muss halt immer und ewig suchen.

Andersrum wird e Schuh draus!
*Anders herum muss man es halten.*

Mer muss aufpassen wie e Haftlmacher.

Da komm ich nee dahinter.

Do find'sch mich nee nein.
*Das versteh ich nicht.*

Ich hab’s noch nee weg.
*Das kann ich noch nicht.*

Ich ho’s noch nee raus.
*Ich bin noch nicht dahintergekommen.*

Da muss ich noch herumtüfteln.
*herumprobieren, nachdenken*

Kimmt mer komisch vier.
*Da stimmt etwas nicht.*

***Wie mach’ mer denn das am dümmsten?***

## *Kind'sche Kate*

»Ich beginne, mich nach einer Art von Kleinkindersprache zu sehnen«, sagt Bernard in einem Monolog am Ende des Romans *Die Wellen* von Virginia Woolf[4], als er der Phrasen überdrüssig ist. Fremd war mir dieser Gedanke nicht. Mir konnte die kindliche Parallelsprache manchmal Erholung bieten von den anstrengenderen Redeweisen der Erwachsenenwelt. Wenn ich allerdings begann, mich in Kleinkindersprache zu äußern, wurde mir gleich durch die Bemerkung »kind'sche Kate!« angedeutet, dass dies unpassend war. Es machte mir dennoch Spaß, die Gesetze zu übertreten, die unsere Kommunikation regeln.

Auch in der Kindersprache gibt es spezielle Dialektausdrücke. Typisch für die an Kinder gerichtete Sprache ist die häufige Verwendung der Diminutive, die wohl eine Art Koseform darstellen. In meinem böhmischen Dialekt wird die Verkleinerungsform meist ohne Umlaut im Stammvokal gebildet, wie man an einigen der folgenden Beispiele bemerken kann.

Zur Kindersprache gehört auch die unbeabsichtigte Sprachschöpfung von Kindern, die Originelles und Amüsantes hervorbringt, das oft noch innerhalb der Familien weitererzählt wird. Die anfangs viel beachteten Worterfindungen der Kinder werden aber im Laufe der Zeit vergessen, vielleicht noch schneller als ein aussterbender Dialekt.

---

4 Virginia Woolf, *Die Wellen*, Bibliothek Suhrkamp Band 128, 1986, S. 136.

Tuk nee so talfern!
*sprechen wie kleine Kinder*

E kindscher Sack
*kindischer Mensch*

Kindsche Kate
*Sie ist kindisch.*

Fampern
*undeutlich vor sich hin sprechen*

Die hat gemuckert
*hat leise Geräusche gemacht*

Die hat gequäkert
*hat sich bemerkbar gemacht*

Dos Kindl is ja su kleene.
*Das Kind ist so klein.*

Mederle, Buberle, Mannl

Medl, Moidl, Matschkl
*Mädchen*

Dos klenne Puttl
*Hühnchen; Kind*

Der klenne Steppl
*der Knirps*

Bist schon so e klenner Wicht!

Die klenn Spatzln

Die klenne Liese

Das Butzerle
*Kleinkind*

Nasl, Zahnln, Bauchl

Bauchkneppl
*Nabel, Bauchknopf*

Kalte Pfleckln
*kalte Finger*

Patschln
*Hände*

Guckerlen, Zahnerlen
*Augen, Zähnchen*

Ohrwaschln
*Ohren*

Kalte Pfotln hoich.
*Ich habe kalte Füße.*

E Schnutl machen
*Eine Schnute ziehen*

’s Nasl grimmt? – Wirscht ei’n Dreck folln!
*Die Nase kribbelt? – Du wirst in …*

E Bumsl lassen
*pupsen*

Musst die Hände wurschtln!
*die Hände reiben*

Hast wohl Grimmi-Jucki?
*Juckreiz*

***Nuppl***
*Schnuller*

Nuppeln
*saugen, trinken*

Schichln, Schuchln
*Schuhe*

Hosl, Jackl, Jackerle

Wo hammer denne dos Mitzl, die Sockln, die Handschkln?
*Wo hast du die Mütze, Socken, Handschuhe?*

Tichl, Bichl
*Tuch, Buch*

Glasl, Flaschl, Kannl, Sackl, Kranzl

Gaberle, Löfferle, Tipperle, Zetterle

E Zuckerle
*Bonbon*

E Eiergockl, e Gockerle
*ein Ei*

E Grießkernl
*ein Staubkorn im Auge*

E Schieferle
*Holzspieß im Finger*

Ich wer' dich tichtsch verbläuen!
*Du kriegst gleich eine Tracht Prügel.*

Bist e sauberes Schweinl!
*Du bist jetzt sauber.*

Schafl, Lamml, Katzl, Hasl, Haserle

Tschippln
*Küken*

Wie geht's denn dem kranken Hienl?
*Wie geht's dir, du krankes Hühnchen?*

Guck ock, e Matzl!
*Schau, ein Vogel!*

Vogerlen, Blumerlen, Bliemln
*Vögel, Blumen*

Wie bei'n jung' Gansln muss mer's machen: wsch, wsch!
*wie bei den jungen Gänsen, die zu laut sind*

Sei ock nee su zapplig!
*Sei nicht so unruhig!*

Bist e Naschkatzl!

Das schnirpselt so schön.
*Geräusch beim Haareschneiden*

Der tat mich so gerne an'n Ohren zippeln.
*Das Kind zupfte gern andere am Ohr.*

Wolln wer denn Haschen spielen?
*Wollen wir Fangen spielen?*

E bisserle
*ein bisschen*

## ’s is halt nee andersch

Nach der oft erheiternden Beschäftigung mit der Kindersprache folgt nun ein Kapitel mit ernsterem Inhalt. Es geht um Lebensweisheiten, die das Resultat verschiedenster Erfahrungen bilden. An die kann man sich klammern, wenn man in Bedrängnis gerät, und sie erleichtern die Beurteilung von Vergangenem, das verstören könnte. Auch dabei bleibt der Ton meistens gelassen und ist eher beruhigend als mahnend. Der Dialekt taugt wohl nicht für strenge Regeln und schonungslose Urteile.

Junge Leute, die die Welt verändern wollen, werden an vielen dieser Sätze keinen Gefallen finden, weil sie eine Haltung spiegeln, die sich mit dem Gegebenen abfindet. Heißt »’s is halt nee andersch«, dass man sich gegen nichts auflehnt, weil alles so bleiben wird, wie es ist? So einseitig sind die Aussagen dieses Kapitels doch nicht. Man wird auch aufgefordert, nicht stehen zu bleiben, sich also nicht mit dem gegenwärtigen Zustand zu begnügen, denn: »Wer unterwegs ist, muss fort.«

’s is doch immer was, was ’n Himmel hält.
*Man ist nie ganz glücklich.*

Mer nemm’s halt, wie’ kommt.
*Wir nehmen es so, wie es kommt.*

Die Kücken sein immer klieger als die Henne.

Wenn 's Kind ei'n Born gefallen is, wird er zugedeckt.
*Wenn das Kind in den Brunnen gefallen ist …*

Wasser hat kenne Balken.
*Schiffahrt ist gefährlich.*

Wo Raach is, muss au Feier sein.
*Wo Rauch ist, muss auch Feuer sein.*

In der Nacht sein alle Kühe schwarz.
*Man sieht die Unterschiede nicht.*

So is's halt uff der Welt: Der eene hot 'n Beutel, der andere hot's Geld.

Für's Gehotte gibt der Jude nischt.
*Für das, was du früher hattest, gibt man dir nichts. (nicht antisemitisch!)*

Der Teufel macht immer zum großen Haufen.
*Wer schon viel hat, dem wird gegeben.*

Allzu gutt is liederlich.
*Es ist gefährlich, zu gut zu sein.*

Arbeit macht das Leben süß.

Was weg is, is weg.
*Traure dem nicht nach!*

***Wer unterwegs is, muss fort!***

## *Na alsdann!*

Wie soll man sich den Ton vorstellen, mit dem »Na alsdann!« gesprochen wird, und die Situation, in der die Worte gebraucht werden? Man scheint einen Seufzer der Erleichterung zu hören, der diese Worte begleitet, in einer Situation, wo Schlimmes überstanden ist, egal, ob es eine echte Bedrohung war oder ein Problem, das sich als übertrieben herausstellt. Der Ausruf könnte auch mit einem leisen Vorwurf verbunden sein gegenüber Pessimisten, die einen guten Ausgang angezweifelt hatten, oder Überraschung ausdrücken, weil man selbst nicht an eine positive Wendung geglaubt hatte. Man könnte verwundert sein, weil alles doch nicht so schlimm war, wie man dachte, und es verbinden mit einer Ermunterung für andere, die verzagt waren. Die Worte könnten außerdem eine Anerkennung anderer ausdrücken, die etwas geschafft haben, oder Stolz auf das, was man selbst erreicht hat. Sie können auch einfach bedeuten: Hab ich nicht recht gehabt? Ob nachdenklich oder triumphierend ausgesprochen, sind diese Worte immer eine Reaktion auf einen Wandel. Der kurze Ausruf erspart dem Sprecher differenzierte Kommentare und drückt durch den Tonfall fast so viel aus wie durch viele Worte. Ebenso vielfältig wie die Konnotationen von »Na alsdann!« sind die folgenden, in ähnlichen Situationen angetroffenen Aussprüche.

Langsam wird's.
*Es wird langsam besser.*

Der hat die Ruhe weg.
*Er lässt sich nicht aus der Ruhe bringen.*

Etze hammersch.
*Jetzt sind wir fertig.*

No! Wird sich gehören!
*Das habe ich erwartet.*

’s is nee so ängstlich.
*Kein Grund zur Sorge!*

Das wär doch gelacht!
*Du schaffst es schon.*

’s wird schon wieder wern.
*Es wird schon besser werden.*

’s wird nee so schlimm sein.
*So schlimm ist es gar nicht.*

Denk der ock nischt!
*Nimm es dir nicht zu Herzen!*

Die is ganz vif.
*Sie ist aufgeweckt, tüchtig.*

Im Nähen, da hot se was weg.
*Das kann sie gut.*

Dos is doch e …, wie’s ei’m Buche steht.
*…, wie es sein sollte.*

Dos is ene gude Seele.
*ein herzensguter Mensch*

Dos is die Sinke, wie se leibt und lebt.
*Sie ist auf dem Foto gut getroffen.*

Wann is denn die Huxt?
*Wann ist die Hochzeit?*

Biste wieder am Damm?
*Bist du wieder gesund?*

Niemand da – und mir gehn au glei wieder.
*Dann gehen wir halt.*

Mach' mer's halt e ander Mal!

Dos hoich vergessen. – Na, wenn de ock dein' Kopp nee vergisst.

Wenn's ock quieken täte!
*Das Gesuchte sollte sich bemerkbar machen.*

***Da is es doch. – Wenn's ock gebissen hätte!***

Do hinne is es.
*Hier herin ist es.*

Do leit der Lappen.
*Da ist es endlich.*

Das Vaterland is gerettet!
*Das Suchen ist beendet.*

Die hat sich doch wieder derrappelt.
*Es geht ihr wieder besser.*

Über die Sprache seiner Mutter hat der irische Nobelpreisträger Seamus Heaney, der einer armen Bauernfamilie entstammte, ein Sonett geschrieben. Sie bemühte sich nicht, heißt es darin, gewandt und regelkonform zu sprechen, denn das hätte für sie Verrat an den einfachen Leuten bedeutet, an denen, die nicht über eine gehobene und gewählte Ausdrucksweise verfügen. »Fear of affectation«[5] nennt es Heaney und lässt das Gedicht mit diesen Worten beginnen. Die Scheu vor unnatürlichem Sprechen, die Angst, affektiert zu wirken, lässt sie die Regeln der Gebildeten bewusst missachten. Auch ihr Sohn, der vielfach ausgezeichnete Poet, begibt sich in ihrem Beisein auf die Ebene des regionalen Sprechens jenseits grammatischer Korrektheit – das erfährt man am Ende des Sonetts.

Ich kann meine Sympathie für die hier beschriebene Haltung nicht verleugnen. Seamus Heaney zeigt, dass die bewusste Wahl einer weniger angesehenen, aber auch weniger unnatürlichen Sprechweise eine Geste der Solidarität und sogar Zeichen einer sprachlichen Sensibilität sein kann.

Ich möchte dem Dialekt den Beigeschmack des Biederen, Unreflektierten, Traditionsverhafteten nehmen, der ihm immer noch anhaftet. In dem mit *No nee* überschriebenen Kapitel wird eine Haltung der Abwehr, Verweigerung und des Eigensinns gezeigt.

---

5 Seamus Heaney, *Die Hagebuttenlaterne, Gedichte*, München 1990, S. 62

***No nee! Alle Luderei geht nee!***

Ich ho's nee so mit dem …
*Das mag ich nicht.*

's is mer nee recht.
*Ich habe etwas dagegen.*

Passt mer gor nee!

Moog'sch nee!
*Das mag ich nicht.*

Nu sei ock so gutt!
*Das ist ja schrecklich!*

Hast wohl Spaß gehabt?
*Die Zusage wurde nicht gehalten.*

Das is doch glatt gelogen!

Nu mach mal en Punkt!
*Es reicht. Hör auf damit!*

Sei ock nee su neugiergsch!
*Das brauchst du nicht zu wissen.*

Tuk nee so rumäschern!
*Mach nicht so einen Wirbel!*

Tuk nee so rumnärrschen / rumrammeln!
*Sei nicht so hektisch!*

Tuk nee so rummuzeln!
*Du trödelst ja so!*

Tuk nee so rumkaspern / rumalbern!
*Lass das Blödeln!*

Tut ock nee so zergeln!
*Ihr müsst immer streiten!*

So e Rimgezergel!

Tuk nee so gnatschen!
*Lass das Nörgeln, Quengeln!*

Tuk nee su zetern!
*Hör auf zu jammern / zu schimpfen!*

Tuk nee so unken!
*Nicht immer schwarzmalen!*

Da is nee vill dazu.
*Das ist nicht schön / nicht viel wert.*

Die is fuchsteufelswild.
*Sie ist wütend.*

Die schreit ja wie wenn se am Spieße steckte!

Wirst glei Dresche kriegen!
*Du kriegst gleich Prügel.*

Ich wer dich glei verdreschen / verkloppen / versohlen!

*Ich werde dich gleich verprügeln.*

Ich schmier der glei ene!

Der kann mir gestohlen bleiben.

*Von dem will ich nichts mehr wissen.*

Das schlag dir ock aus'm Koppe!

*Das kannst du vergessen!*

Do wett'sch mein Kopp!

*Ich habe recht! Basta!*

Da kannste dich uff'n Kopp stellen! Dos mach'sch nee!

Das kannste dir an'n Hut stecken!

*Das will ich nicht.*

Pfeif druff!

*Das ist mir schnuppe.*

'S is doch nischt.

*Überdruss wird ausgedrückt.*

Lass ock gutt sein!

*Schluss! Jetzt reicht es.*

***Tut mich ock nee su mootsch machen!***

*Schimpft mich nur nicht!*

Etze mog'sch nimmeh.
*Jetzt mag ich nicht mehr.*

Etz könnt er mich gerne hon!
*Macht, was ihr wollt! Jetzt mag ich nicht mehr.*

## *Exkurs: Verwunderliches und Charmantes*

### *Diminutive*

In Bezug auf Diminutive gibt es einige verwunderliche Eigenheiten. Wie schon erwähnt, verzichtet dieser Dialekt auf die Umlautbildung des Stammvokals beim Hinzufügen der Diminutivendung. Statt *Säcklein, Höslein*, oder *Bäuchlein* heißt es *Sackl, Hosl und Bauchl.* Das zu *-l* gekürzte *-lein* wird als alleiniges Diminutivsuffix gebraucht. Während in der Standardsprache das Suffix *-chen* vorherrscht, wie bei *Kätzchen, Schäfchen, Söckchen* oder *Fläschchen*, beschränkt sich der hier behandelte Dialekt auf den angehängten Laut *-l.* Man sagt also *Katzl, Schafl, Sockl* oder *Flaschl.* Die einzige Vokalveränderung, die der Umlautbildung nahekommt, ist die Verwandlung des *u* zu *i*, z. B. bei *Buch – Bichl, Tuch – Tichl* oder *Blume – Blieml.* Bei den Schuhen gibt es zwei Formen zur Auswahl: *Schichln* und *Schuchln.*

Besonders charmant und bemerkenswert ist die Diminutivbildung bei Wortarten, die keine Substantive sind. Diese Abweichung von der Norm ist eine auch in anderen Sprachen auftretende Eigenart. Mich hat schon immer amüsiert, dass im Spanischen neben dem Adverb *jetzt* und dem Zahlwort *eins* auch das Adjektiv *schlecht* ein Diminutiv bilden kann, also *ahorita* für *jetzt gleich, unita* mit der Bedeutung *nur eine*, und man kann auch »*No sea malita*« hören – »*Sind Sie nicht so böse*!« Zu dem Adverb *jetzt* gibt es auch im fränkischen Dialekt ein Diminutiv; es wird zu *etzertler, nachher* zu *nachertler*, und sogar die Interjektion *so* bildet die

Form *soterler*! Solche erstaunlichen Diminutivbildungen kommen auch in meinem böhmischen Dialekt vor. Ein Beispiel mit besonderem Charme ist die Verkleinerungsform bei dem Indefinitpronomen *ein paar*, das zu *e poorl* wird. Und eine Eigenart ist besonders merkwürdig: die Diminutivbildung bei einem Verb. In Bürgstein konnte man sagen, wenn jemand beim Einschlafen ein ganz sanftes, leicht knatterndes Geräusch von sich gab: »Du hast schon geschnarchelt.«

## *Konsonantenhäufung*

Auf einem Münchner Friedhof blieb ich immer vor einem bestimmten Grab stehen, obwohl ich die dort Bestattete nicht gekannt hatte. Es war weder der Grabstein noch der Grabschmuck, der mich interessierte, sondern der Name der Verstorbenen, der auf dem Stein zu lesen war: *Berta Smrsch*. Ein Familienname ohne Vokal war mir vorher nie begegnet und löste bei mir jedes Mal Verwunderung aus. Im Dialekt meiner Heimat gab es keine Wörter ohne Vokale, aber die Konsonantenhäufung kann so weit gehen, dass in einem Wort mit nur einem Vokal bis zu sieben Konsonanten vertreten sind. Das schönste Wort in dieser Hinsicht ist *Handschkln*, also *Handschuhe*, aber auch *Rampftl* und die *Matschkln* sind mit jeweils sechs Konsonanten ähnlich bemerkenswert. Andere Beispiele für Konsonantenhäufung wären *richtsch, wichtsch*, oder der zungenbrecherische Satz: *Etz lauf'sch borbs*. Wer die vokalreichen romanischen Sprachen gewohnt ist, wird die Aussprache dieser Wörter kaum bewältigen. Aber auch Deutsche werden vielleicht das Genannte nicht ohne weiteres nachsprechen können.

## *Varianten*

In der vorliegenden Sammlung von Aussprüchen kommen dieselben Wörter zuweilen in unterschiedlichen Formen vor. Es gibt nicht die eine Art, diesen Dialekt zu sprechen, sondern es besteht die Freiheit, zwischen mehreren Varianten zu wählen. So sind sowohl *ock* als auch *ocke* gebräuchlich, *so* und *su*, *das* und *dos*, er *kommt* und er *kimmt, gehn* und *giehn, Schichln* und *Schuchln, hätt mer's* und *hätt mer'sch*, *rumrammeln* und *rimrommeln*, um nur einige Beispiele zu nennen. Zu *Madl* und *Medl* gibt es noch weitere, liebevoll klingende Varianten: *Moidl* und *Matschkl.*

Eine Variantenbildung, die sich besonders häufig findet, ist die Erweiterung eines Wortes durch ein angehängtes -*e*. Etwas ist hart oder horte, das Kind ist *kleen* oder *kleene*, es ist schon *spät* oder schon *spete*, 's is *still* oder *stille*, sie *gieht ei's Bett* oder *ei's Bette.* Das End-*e* kann weggelassen werden bei *garschtscher Kerle, komm mer ocke, etze hoich genung* oder bei der Frage: *Was denkste denne?*

Die Variationsmöglichkeiten verstärken den Eindruck, dass auch der Dialekt nicht eine festgelegte Sprechweise, sondern eine lebendige, wandelbare Sprachform ist.

### *Betonung*

Zu den Formen der Betonung gehört selbstverständlich die natürliche Hervorhebung eines Wortes beim Sprechen. Daneben kann ein Wort, das betont werden soll, durch Zusätze mehr Gewicht erhalten. Manche dieser Zusätze sind eigentlich unlogisch. *Richtsch wohr* und *wirklich wahr* sind Pleonasmen, denn was wahr ist, muss auch richtig oder wirklich sein. Eine besondere Form der Betonung ist die doppelte Verneinung, die auch schon in den bisherigen Ausführungen vorkam. Sie ist zu finden bei den Sätzen: *Der kann mer's mit nischtn nee recht machen* und *Das kann doch kenne Katze nee lesen.* Auch in *nuwer nee* steckt eine pleonastische Verneinung, denn *nuwer* bedeutet schon *nicht wahr.*

Ebenfalls logisch nicht nachzuvollziehen ist die Möglichkeit, das Wort *nichts* zu steigern. Das Bestreben, dieses Wort zu betonen, ist dafür verantwortlich. Der Komparativ von *nischt* heißt *gor nischt* und der Superlativ *reene gor nischt.*

Eine in der Poesie häufig anzutreffende und sehr einfache Form der Betonung ist die Wiederholung. Sie ist auch etwas Typisches für den nordböhmischen Dialekt. Diese Aufforderungen klingen eindringlich, aber nicht streng: *Nimm ock nimm! Sieh ock sieh! Komm ock komm! Gieh ock gieh! Wart ock wart! Heert ock heert!*

Lässt sich die Dummheit steigern? Vielleicht, indem man verschiedene Wörter wählt für eine Person, deren Dummheit milde beurteilt wird, und eine, der man mit Befremden oder Ablehnung begegnet. Die Steigerungsformen wären: Dummerle – Dummian – Bleedrich.

## *Ironie*

Damit der Exkurs nicht so negativ endet, sollen zum Schluss noch einige Beispiele für Ironie aufgeführt werden, eine Redefigur, die ein gewisses Raffinement verrät. Wenn ein Finger nur leicht verletzt ist, kann der klagende Patient den Kommentar hören: *Der wird wohl abfallen.* Auf die Frage, wie es einem geht, könnte man antworten: *Wenn's besser ging, wär's nee auszuhalten.* Als Aufmunterung vor einem schwierigen Vorhaben kann gelten: *Wird schon schiefgehen!* Und bevor man eine Arbeit beginnt, fragt man sich vielleicht: *Wie mach'mer denn das am dümmsten?* Seine friedliche Einstellung betont man am besten, wenn man sagt: *Wir streiten uns nee, wir haun uns im Guten ene runter.*

Da die Ironie Ernsthaftes leicht ins Komische wendet, kann sie dazu beitragen, das Leben leichter zu nehmen und die eigenen Sorgen distanzierter zu betrachten.

## Nachwort

Ist dieser Dialekt, ein Relikt vergangener Zeit, eine Konservierung wert? Lenkt der Blick darauf nicht ab von drängenderen Fragen? Wenn man sich schon der Vergangenheit zuwendet, dann gäbe es genug Grund, sich mit den Verwicklungen, Auseinandersetzungen und Gräueln des 20. Jahrhunderts auseinanderzusetzen, seine Kenntnisse darüber zu erweitern und Konsequenzen daraus zu ziehen. Ist die Beschäftigung mit dem amüsanten Dialekt eines von vielen Konflikten betroffenen Landes nicht eine Verharmlosung der Vergangenheit? Hat die friedliche und gelassene Haltung, die sich in diesem Dialekt manifestiert, irgendetwas am feindseligen und kriegerischen Zeitgeschehen geändert? Kann man den Dialektliebhabern den Vorwurf des Eskapismus machen?

In den aufgezeichneten Sprüchen geht es in erster Linie um Alltagsbewältigung. Es ist kein kämpferischer, politisch streitbarer Geist, der sich in ihnen ausdrückt. Und doch kann die grundlegende Haltung der Skepsis und Nachsicht, die den meisten Aussprüchen dieser Sammlung eigen ist, eine über den Alltag hinausgehende Rolle haben. Sie macht weniger anfällig für politische Hetze, feindselige Ideologien und Hassbotschaften. Bescheidenheit und Klugheit, die aus vielen der hier gesammelten Sätze sprechen, können vor Verblendung bewahren.

Es ist nicht zu leugnen, dass aggressive, menschenverachtende Politik im Böhmen des 20. Jahrhunderts auch von Dialektsprechern mitgetragen wurde. Wie war es möglich, dass der menschenfreundliche, heitere und friedliche Dialekt und die erbarmungslosen kriegerischen Aktionen in der Zeit des Nationalsozialismus nebeneinander existierten? Die Beschäftigung mit dem damals gesprochenen Dialekt erspart uns nicht die Auseinandersetzung mit den historischen Vorgängen zur selben Zeit in dieser Region.

Deutsche und Tschechen lebten in Böhmen im Laufe der Geschichte teils in Freundschaft, teils in Feindschaft miteinander. Es gab schon vor dem Terror der Nazis und der Vertreibung der Deutschen immer wieder Diffamierungen, Verfolgungen und nationalistische Hetze. Dass meine Mutter sich der Abgründe bewusst war, kann ich aus einer ihrer Erzählungen schließen: Ein tschechischer Student verbrachte mehrmals die Sommerferien im Haus ihrer Eltern, um Deutsch zu lernen. Er sprach dort einen Satz, den meine Mutter oft wiederholte und der für sie offensichtlich eine treffende Aussage machte. Dieses Zitat stand im Gegensatz zu den witzigen Kommentaren, die sie im heimischen Dialekt abzugeben pflegte. Der Satz, den ich von meiner Mutter oft in einem nachgeahmten tschechischen Akzent zu hören bekam, lautete: »Das Leben ist schwer, die Welt ist schwarz.«

Hier, in deutschen Worten eines Tschechen, zeigte sich die dunkle Seite des Daseins, die meiner Mutter wohl trotz ihrer unbeschwerten Redensarten immer bewusst war.

Dorff Burgstein.